"读原著·学原文·悟原理"丛书

《莱茵报》时期文本
这样学

孙熙国 张梧 | 主编

田 曦 房静雅 姚景谦 | 著

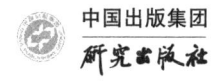

中国出版集团
研究出版社

图书在版编目(CIP)数据

《莱茵报》时期文本这样学 / 田曦, 房静雅, 姚景谦著. -- 北京：研究出版社, 2022.4
ISBN 978-7-5199-1180-5

Ⅰ.①莱… Ⅱ.①田… ②房… ③姚… Ⅲ.①马克思著作研究 Ⅳ.①A811

中国版本图书馆CIP数据核字(2022)第049841号

出 品 人：赵卜慧
出版统筹：张高里　丁　波
责任编辑：朱唯唯
助理编辑：何雨格

《莱茵报》时期文本这样学

LAIYINBAO SHIQI WENBEN ZHEYANGXUE

田曦　房静雅　姚景谦　著

研究出版社 出版发行

（100006　北京市东城区灯市口大街100号华腾商务楼）
北京中科印刷有限公司印刷　新华书店经销
2022年4月第1版　2023年1月第3次印刷
开本：787毫米×1092毫米　1/32　印张：5.25
字数：70千字
ISBN 978-7-5199-1180-5　定价：36.00元
电话（010）64217619　64217612（发行部）

版权所有·侵权必究
凡购买本社图书，如有印制质量问题，我社负责调换。

"读原著·学原文·悟原理"
丛书编委会

编委会主任：

孙熙国　孙蚌珠　孙代尧　张　梧

编委（以姓氏笔画为序）：

王　蔚　王继华　田　曦　任　远
孙代尧　孙蚌珠　孙熙国　朱　红
朱正平　吴　波　李　洁　何　娟
汪　越　张　梧　张　晶　张　懿
余志利　张艳萍　易佳乐　房静雅
金德楠　侯春兰　姚景谦　梅沙白
曹金龙　韩致宁

编委会主任

孙熙国，北京大学马克思主义学院教授、博导，北京大学习近平新时代中国特色社会主义思想研究院常务副院长，北京大学学位委员会马克思主义理论学科分会主席，国家"万人计划"教学名师，中央马克思主义理论研究和建设工程课题组首席专家，国务院学位委员会马克思主义理论学科评议组成员，教育部马克思主义理论类专业教学指导委员会副主任委员。兼任国际易学联合会会长，中国历史唯物主义学会副会长，北京市高教学会马克思主义原理研究会会长。

在《哲学研究》等刊物发表学术论文百余篇，著有《先秦哲学的意蕴》《马克思主义基本原理前沿问题研究》（第一作者）等，主编高校哲学专业统一使用重点教材《中国哲学史》，主编全国高中生统用教科书《思想政治·生活与哲学》《思想政治·哲学与文化》，获首届全国优秀教材一等奖。主持"马藏早期文献与马克思主义在中国的早期传播""马克思主义基本原理的学科对象与理论体系"等国家哲学社会科学重大项目和重点项目。

孙蚌珠,经济学博士,教授。现任北京大学马克思主义学院党委书记、习近平新时代中国特色社会主义研究院副院长。教育部高等学校思想政治理论课教学指导委员会委员总教指委主任委员、"形势与政策"和"当代世界经济和政治"分指导委员会主任委员。马克思主义研究和建设工程首席专家,国家义务教育教科书"道德与法治"编委会主任,国家统编高中思想政治教材《经济与社会》主编、国家中等职业学校思想政治教材编委会主任。中国政治经济学学会副会长、中国《资本论》研究会副会长。主要从事政治经济学、中国特色社会主义经济理论与实践研究,获得过北京市科学技术进步二等奖,是全国首届百名优秀"两课"教师、全国思想政治理论课影响力标兵人物、北京市高等学校教师名师、国家"万人计划"教学名师、享受国务院政府特殊津贴专家。

孙代尧,北京大学法学学士、硕士和博士。现任北京大学博雅特聘教授、社会科学学部学术委员和马克思主义学院学术委员会主任,《北京大学学报(哲学社会科学版)》主编。曾任马克思主义学院副院长、学位委员会主席、教育部高校思政课教学指导委员会委员。

先后入选国务院政府特殊津贴专家、中宣部全国文化名家暨"四个一批"人才、国家"万人计划"第一批哲学社会科学领军人才;担任中央马克思主义理论研究和建设工程专家、中国科学社会主义学会副会长等。

主要从事马克思主义理论、社会主义历史和理论等领域的教学和研究。担任教育部哲学社会科学研究重大课题攻关项目、国家社科基金重大项目首席专家。科研成果曾获北京市哲学社会科学优秀成果一等奖等多个奖项。

张梧,哲学博士。现为北京大学哲学系助理教授、研究员、博士生导师,中国人学学会秘书长、北京大学中国特色社会主义理论体系研究中心研究员、济宁干部政德学院"尼山学者"。主要研究方向是马克思主义哲学史、社会发展理论等。曾著有《马克思恩格斯〈德意志意识形态〉研究读本》《社会发展的全球审视》等学术专著,在《哲学研究》等核心期刊发表论文30余篇。

代序

马克思主义可以这样学

马克思主义应该怎样学？马克思主义经典著作应该怎样读？北京大学马克思主义学院以博士生的"马克思主义经典著作研读"课为抓手，进行了积极的探索，走出了一条"读原著、学原文、悟原理"的新路子，逐步形成了马克思主义理论专业人才培养的"北大模式"。

北京大学具有学习、研究和传播马克思主义的光荣传统。北京大学是中国马克思主义的发祥地，是中国共产党最早的活动基地，是中国马克思主义理论教育的诞生地。1920年，李大钊在北大开设了"唯物史观""工人的国际运动与社会主义的将来""社会主义与社会运动"等马克思主义理论课程和专题讲座，带领学生阅读马克思主义经典著作，公开讲授和宣传马克思主义。李大钊在北大所做的这些工作，与拉布里奥拉在意大利罗马大学、布哈林在苏俄红色教授学院、河上肇在日本京都帝国大学进行的马克思主义理论教学和研究工作，共同开启了马克思主义理论进入高校课堂的先河。

一百多年过去了，一代代的北大人始终把学习研究和宣传马克思主义作为自己的崇高使命，始终把马克思主义经典著作的学习研读作为教育教学的一项重要内容。2014年5月4日，习近平在北京大学师生座谈会上的讲话中指出，北京大学是新文化运动的中心和五四运动的策源地，是这段光荣历史的见证者。长期以来，北京大学广大师生始终与祖国和人民共命运、与时代和社会同前进，在各条战线上为我国革命、建设、改革事业作出了重要贡献。2018年5月2日，习近平总书记在北京大学考察时指出，北京大学是中国最早传播和研究马克思主义的地方。中国共产党的主要创始人和一些早期著名活动家，正是在北大工作或学习期间开始阅读马克思主义著作、传播马克思主义的，并推动了中国共产党的建立。这是北大的骄傲，也是北大的光荣。由此我们可以看到，北大具有学习研究和传播马克思主义的光荣传统，具有与祖国和人民共命运、与时代和社会同前进的光荣传统，具有爱国、进步、民主、科学的光荣传统。因此，如果要讲北大传统，首先就是马克思主义的传统；如果要讲北大精神，首先就是马克思主义的精神。北大学习研究和传播马克思主义的精神和传统始终与马克思主义经典著作的研读和学习紧紧结合在一起。

2018年5月2日，习近平总书记视察北大马克思主义学院时指出："高校马克思主义学院就是要坚持'马院姓马，在马言马'的鲜明导向和办学原则，为巩固马克思主义在意识形态领域的指导地位，推动马克思主义进校园、进课堂、进学生头脑，发挥应有作用。"在习近平总书记重要讲话精神的指导下，北京大学马克思主义学院逐步确立了以"埋首经典，关注现实"为基本理念、以马克思主义经典文献学习研读为重要内容的马克思主义卓越人才培养的"北大模式"。其中加强和完善"马克思主义经典著作研读"课程，并对研究生、特别是博士研究生进行马克思主义经典著作的中期考核成为北大博士生培养的一个重要环节。

北京大学马克思主义学院的学生究竟怎样学习马克思主义基本原理？怎样阅读马克思主义经典著作呢？

习近平总书记指出："学习理论最有效的办法是

读原著、学原文、悟原理。"要学好马克思主义理论，就必须要读马克思主义经典作家的原著，学马克思主义经典作家的原文，悟马克思主义基本原理。一句话，就是必须要学好马克思主义经典著作。"马克思主义经典著作"这门课一直是我国高校马克思主义学院研究生的核心课程。北大给硕士生开设的马克思主义经典著作课叫"马克思主义经典著作导读"，给博士生开设的马克思主义经典著作课叫"马克思主义经典著作研读"。我负责博士生的"马克思主义经典著作研读"课始自2010年秋季。一开始是我一个人讲，后来孙蚌珠、孙代尧老师加入进来，再后来马克思主义基本原理所、马克思主义发展史所的老师们也陆续加入到了本课程的教学和研究工作中。博士生的"马克思主义经典著作研读"课程的学习时间是一年，学习阅读的文本有30多篇。北大学习研读经典文本的基本方式是在学习某一文本之前，先由学生来做文献综述，通过文献综述把这一文本的文献概况、主要内容、学界争论的焦点问题、学者研究的基本方法和形成的基本范式梳理概括出来。呈现给读者的这套《读原著、学原文、悟原理》丛书，就是北京大学马克思主义学院2016级博士生在"马克思主义经典著作研读"课程学习过程中，在授课老师指导下围绕所学的马克思恩格斯经典文本完成的成果结集。授课教师从2016级博士生的研读成果中精选出了优秀的研究成果，经反复修改完善，以"读原著、学原文、悟原理"作为丛书书名出版。

本丛书收录了从马克思高中毕业撰写的三篇作文到恩格斯晚年撰写的《路德维希·费尔巴哈和德国古典哲学的终结》等代表性著述20余篇。这20篇著作是北京大学马克思主义学院马克思主义理论一级学科各专业和政治经济学、科学社会主义与国际共产主义运动专业博士生必修课"马克思主义经典著作研读"的必学书目。丛书作者对这20余篇著作的研究状况和研究内容的梳理、概括和总结，基本上反映了北大"马克思主义经典著作研读"课程的主要内容，展现了北大马克思主义学院博士生学习研读马克思主义经典著作的基本情况，是北大博士生阅读马克思主义经典文本、学习马克思主义基本原理的一个缩影。在某种意义上说，这些成果体现了北大马克思主义学院博士生学习马克思主义经典著作的基本方式。因此，我们可以自豪地说，马克思主义经典文本可以"这样读"，马克思主义基本原理可以"这样学"。

本书对马克思恩格斯每一时期文本的介绍和阐释主要是围绕以下四个方面的内容展开的。一是对马克思恩格斯这一文本的写作、出版和传播等主要情况的介绍和说明，二是对这一文本的主要内容的介绍和提炼，三是对国内外学者关于这一文本研究的基本方法、形成的基本范式和切入点的概括总结，四是对国内外学者在这一文本研究过程中所涉及到的一些具有争议性的问题或焦点问题的梳理和辨析。在每一章的后面，作者又较为详细地列出了该文本研究的主要参考文献，也就是关于每一个文本的代表性研究成果。本书力图从以上四个方面入手，尽可能客观全面地展示国内外学者关于马克思恩格斯这些经典文本的研究状况、研究结论和研究方法，以期对马克思主义学院师生学习、研读马克思主义经典著作提供参考和借鉴。

马克思主义理论是我们做好一切工作的看家本领，也是领导干部必须普遍掌握的工作制胜的看家本领。我们期望这套20本的"读原著、学原文、悟原理"丛书能够在这方面给大家提供一些积极的启示和有益的帮助。

孙熙国

2022.2

目 录 CONTENTS

上 篇
一、文献写作概况　　003

二、研究范式　　008

三、焦点问题　　018

下 篇
一、文献写作概况　　070

二、文献内容概要　　072

三、研究范式　　075

四、焦点问题　　086

上 篇

从马克思 1842 年初参与《莱茵政治、商业和工业日报》(本篇简称《莱茵报》)创刊到 1843 年退出《莱茵报》编辑部,这一时期被称为马克思思想发展的《莱茵报》时期。该时期是青年马克思思想发展的重要阶段,与《博士论文》时期、克罗茨纳赫时期和《德法年鉴》时期等并列为青年马克思思想发展的关键阶段。在这一时期,马克思纵谈时事,就社会现实问题发表评论,留下了许多政论文章,而《莱茵报》时期又可以划分为前期和后期两个阶段。在前期,马克思主要站在启蒙理性的基础上,以启蒙精神、理性原则为武器维护新闻出版自由,揭露普鲁士书报检查令的反动本质。到了后期,马克思遇到了必须对物质利益问题发表意见的难事,由于遇到的现实问题与自己以往信仰的理念相矛盾,马克思产生了"苦恼的疑问"[①]。这种思想上的地震使他对原有哲学信仰发生动摇,使得马克

---

① 《马克思恩格斯全集》第 31 卷,人民出版社 1998 年版,第 412 页。

思对自己所信仰的黑格尔的理性主义原则产生了怀疑。这直接导致了其思想后来的变革，为之后马克思唯物史观和共产主义思想的最终形成奠定了重要基础。

本篇主要针对这一时期前半段中的四篇文章，即《评普鲁士最近的书报检查令》《关于新闻出版自由和公布省等级会议辩论情况的辩论》《〈科隆日报〉第179号的社论》《历史学派的哲学宣言》。

一、文献写作概况

在当时，资产阶级与封建统治者在很多问题上的看法针锋相对，尤其是在新闻出版自由问题上，出版自由成为政治生活中十分尖锐的话题。普鲁士国王威廉四世登基以后，为了缓和社会矛盾，打出了自由主义的旗号，在1841年年底颁布了新的书报检查令，虚伪地重申切实遵守1819年威廉三世颁布的书报检查令。这个表面上反对给写作活动加上无理限制的新检查令，实际上是在旧检查令的基础上套上了新的锁链，且蒙蔽了当时资产阶级自由派和知识分子的双眼。马克思凭借非凡的洞察力认清了新检查令的反民主、反自由的实质以及这种自由的虚伪性，于1842年1—2月写下了针对普鲁士政府的"12月法令"的批判文章《评普鲁士最近的书报检查令》。由于书报检查制度的缘故，这篇文章当时没有在《德法年鉴》上发表，直到1843年才在瑞士出版的《德国现代哲学和政论界轶文集》第一卷上发表。

《评普鲁士最近的书报检查令》是马克思现存文本中的第一篇政论文章，是马克思积极介入社会事务、从事实际政治活动的开端。马克思在文中对书报检查令进行了无情批判，认为它要求人们在探讨真理时必须采取严肃和谦逊的态度、禁止人们谈论和批判现实的国家政权和国家宗教的思想倾向，剥夺了"报刊出版者本人的全部意志"[1]，在本质上是一个反自由的制度，侵犯人的自由权利。马克思最终的结论是："整治书报检查制度的真正而根本的方法，就是废除书报检查制度。"[2]

1841年5—7月，第六届莱茵省议会在杜塞尔多夫举行。由于许多城市发起了关于出版自由的请愿活动，因此，在众多议题中，关于新闻出版自由

---

[1]《马克思恩格斯全集》第1卷，人民出版社1995年版，第127页。
[2]《马克思恩格斯全集》第1卷，人民出版社1995年版，第134页。

和是否公布省议会辩论的情况成为讨论焦点。围绕这些问题，省议会的各个等级之间展开了激烈辩论。针对辩论所提出的问题，1842年4月，马克思撰写了《关于新闻出版自由和公布省等级会议辩论情况的辩论》，从5月开始分六次刊登在《莱茵报》附刊上，这是马克思在《莱茵报》上发表的第一篇论文。在这篇文章中，马克思将出版自由与各个等级的利益结合起来，对包括诸侯等级、骑士等级、城市等级等在内的自由反对派的理由逐条进行了批判，揭示了这些自由反对派反对新闻出版自由是出于维护自身特殊利益的需要，马克思借此捍卫了新闻出版自由。由此可以看出，新闻出版自由背后的等级、利益等已渐次进入马克思的视野，尽管此时的马克思还是主要从人类精神自由的角度来论证新闻出版自由。

除此之外，《莱茵报》在1842年7月和8月发表了马克思的另外两篇文章：《〈科隆日报〉第179号社论》和《历史学派的哲学宣言》。在这两篇文章中，马克思再次指出允许报刊自由讨论不仅是普遍理性的体现，也是对普遍理性和精神自由的捍卫。

马克思之所以将批判的锋芒指向反自由理性的官方报纸——《科隆日报》,是因为该报否认哲学有权利用报纸讨论、批判国家和宗教,并认为国家是建立在宗教基础之上的。1842年6月28日,《科隆日报》的政治编辑海尔梅斯在该报第179号上撰写了一篇社论向政府告密,攻击《莱茵报》的政治立场,宣称《莱茵报》"采取这种手段(即通过报纸传播哲学和宗教观点,或者攻击这些观点),就表明它意图不纯正;它的主要目的不是要教诲和启发人民,而是要达到其他的另外的目的"①。基于此,应当"禁止不够资格的空谈家胡说八道"②,该报要求普鲁士向政府告密加强书报检查以禁止青年黑格尔学派利用《莱茵报》和别的一些政治报刊批判、攻击基督教和普鲁士国家政权。作为回敬,马克思于1842年6月28日至7月3日写下了《〈科隆日报〉第179号的社论》,揭露了《科隆日报》伪自由主义的实质,并批驳了该报的种种谬误,从此拉开了《莱茵报》与《科隆日报》论战的序幕。该文载于1842年7月10日、12日和14日《莱茵报》第191

---

① 《马克思恩格斯全集》第1卷,人民出版社1995年版,第208页。
② 《马克思恩格斯全集》第1卷,人民出版社1995年版,第209页。

号、第193号和195号附刊。

在《〈科隆日报〉第179号的社论》一文中，马克思批评了《科隆日报》乔装成"比较自由的新闻出版运动的捍卫者"[①]，揭示了它反自由的实质。同时，马克思坚决捍卫哲学的言论自由权利，还阐明了自己的理性国家观。在这篇文章中，他批评了德国哲学存在着脱离现实的倾向，讨论了"该不该在报纸上讨论哲学和宗教问题"[②]，捍卫了报刊利用报纸讨论和批判国家与宗教的权利，马克思基于现实对基督教国家论调进行了批判。

继《科隆日报》之后，反自由理性的官方历史法学派又进入了马克思的批判视野。历史法学派兴起于18世纪末19世纪初，在19世纪成了德国法学思想发展的主流。胡果是历史法学派的奠基人，萨维尼、温德海得、耶林、普赫塔、爱希霍伦等是主要代表人物。该学派坚持历史实证主义立场，反对古典自然法学派的"理性自然法"；主张用"历史"方法来研究法律，认为法是民族精神的体现，其主要表现形式是习惯。该学派否认事物的必然本

---

① 《马克思恩格斯全集》第1卷，人民出版社1995年版，第211页。
② 《马克思恩格斯全集》第1卷，人民出版社1995年版，第223页。

质（理性），非批判地把一切实证的事物当作权威加以崇拜，因此成了为普鲁士专制制度做辩护的官方学派。1842年2月，历史法学派的领袖萨维尼被普鲁士国王威廉四世任命为法律修订大臣，负责修订法律，以便巩固封建的法律关系，历史法学派为此发表文章祝贺萨维尼（1779—1861年）和纪念胡果（1764—1844年）。在这种背景下，马克思高举理性批判的大旗，深刻揭露了历史法学派的创始人胡果和继承者萨维尼的反自由理性的本质，并在批判中深化和发展了自由理性观。

《历史学派的哲学宣言》写于1842年7月底至8月6日左右，马克思从哲学原则、哲学论据和具体思想等方面对胡果哲学及其历史法学派进行了批判，认为历史法学派不能承担当代立法者的使命。

二、研究范式

对于青年马克思在《莱茵报》时期的思想的研究，学界研究的视角在逐渐变化：早期分析以"两个转变"的理论框架为重点，偏重于研究此时马克思的思想性质和这一时期在青年马克思思想发展史上的地位，近年来的研究则力图抛开既定的范式，找寻多元的阐释模式，丰富马克思思想变化发展的具体内容。

（一）"两个转变"范式

马克思在《莱茵报》时期的思想处在一个对既有哲学信仰发生动摇并进行新的探索时期，列宁把此时马克思的思想变化归结为"两个转变"。1915年出版的《格拉纳特百科辞典》（第7版）第28卷刊载了列宁写的《卡尔·马克思（传略和马克思主义概述）》，附在该词条后面的有《马克思主义书目》，其中，列宁在评论马克思发表于《莱茵报》上的文章时指出："1842年，马克思在《莱茵报》（科隆）上发表了一些文章……从这些文章可以看出马克思开始从唯心主义转向唯物主义，从革命民主主义转向共产主义。1844年在巴黎出版了马克思和阿尔诺德·卢格主编的《德法年鉴》，上述的转变在这里彻底完成。"[1] 在列宁定下基调后，这一说法统治了学界多年，"两个转变"说认为有一个分界点，那就是《莱茵报》后期，特别是在《关于林

---
[1] 《列宁全集》第26卷，人民出版社2017年版，第83页。

木盗窃法的辩论》中开始从物质利益的角度对社会现实问题进行分析,马克思直接探讨了物质利益及其同等级和国家、法的关系,并且公开地捍卫备受压迫的劳苦群众的利益。因而,总的来看,在《莱茵报》前半期的马克思处在这种转变的前夜,他的思想总体上仍处在黑格尔体系之下,尽管他已经在很多方面反思和突破黑格尔并为后期的转变与超越进行了积极的探索和准备。

梅林的《马克思传》与科尔纽的《马克思恩格斯传》是影响深远的两本马克思传记。梅林承认马克思对于人民群众的倾向,但是,也认为马克思此时仍然是唯心主义的,遵循着黑格尔的法哲学与国家学说,不过比青年黑格尔派对现实有了更多的关注。[①]科尔纽也是主张马克思此时处在转变前夜的代表,他明确指出,马克思批评出版问题时"还是一个唯心主义者,他从黑格尔的观点把国家和法看成是理性的表现""他把国家看成是道德的体现",还认为"法律是实现客观自由的形式""出版物是理

---

① [德]弗·梅林:《马克思传》,樊集译,人民出版社1965年版,第56—58页。

性的呼声，是人民的精神和历史"①。科尔纽指出了马克思黑格尔式的国家观，并以此作为此时期马克思探讨各种问题的根本出发点。

受列宁的影响，苏联大部分学者也因循"两个转变"的观点，以此诠解马克思在《莱茵报》前期思想发展的逻辑线索。尼·拉宾认为："自1842年年中，在马克思观点的发展中开始了一个从唯心主义和革命民主主义转向唯物主义和共产主义的新阶段，并于1843—1844年之交完成。"②他尤其指出了1842年年中到1843年年初，马克思的哲学观点和政治观点发展的相互制约性，从此马克思开始了他向唯物主义和共产主义的不自觉的转向。但奥伊泽尔曼认为，从马克思此时的争论文章中并不能看到对自然现象的唯物观，也找不到对人类行动和制度的唯物观。③

---

① ［法］奥古斯特·科尔纽：《马克思恩格斯传》第1卷，刘丕坤等译，生活·读书·新知三联书店1963年版，第328—329页。
② ［苏］尼·拉宾：《马克思的青年时代》，南京大学外文系俄罗斯语言文学教研室翻译组译，生活·读书·新知三联书店1982年版，第71页。
③ ［苏］捷·伊·奥伊泽尔曼：《马克思主义哲学的形成》，潘培新等译，生活·读书·新知三联书店1964年版，第143—144页。

列宁范式的解释框架也曾对我国学界产生了深远影响,一度成为传统马克思主义哲学史教材解释马克思早期思想变化的唯一模式。比较有代表性的是黄楠森的《马克思主义哲学史》、马泽民的《马克思主义哲学前史》。

我国在"两个转变"范式之下,尽管学界普遍认为马克思此时的政治立场是革命民主主义,但对马克思此时的哲学性质仍存在一定的争议,赵常林将其归纳为四种观点:第一种观点认为马克思这一时期的哲学思想的唯心主义的。第二种观点认为马克思逐渐达到了对历史的唯物主义的理解。有学者以马克思的《关于出版自由和公布等级会议记录的辩论》与《评普鲁士最近的书报检查令》为主要依据,认为此时的马克思已经有了唯物主义思想的萌芽。如马克思将议会中进行辩论的个人看成特定等级而非个人的观点,"孕育着正确认识个人和阶级,阶级和阶级之间关系的唯物主义历史观的萌芽"[①]。第三种观点认为马克思接受了费尔巴哈的唯物主义。第四种观点认为马克思处于正在形成的唯心主

---

① 陈先达、靳辉明:《马克思早期思想研究》,中国人民大学出版社2016版,第42页。

义向唯物主义过渡阶段，既不是唯心主义，也非费尔巴哈的唯物主义。①

（二）对"两个转变"范式的反思与突破

学界对"两个转变"各执一端，这就涉及究竟以何标准看待转变的开始与否和完成与否。李健从界定标准入手，分析青年马克思唯心主义与唯物主义两重因素的互相斗争过程，提出"就思想中出现唯物主义因素、共产主义因素而言，马克思在《莱茵报》时期已经从唯心主义转向唯物主义、从革命民主主义转向共产主义"②。他认为，此时的马克思哲学立场表现出一种唯心主义与唯物主义相互交织、相互斗争的两重性，并且与政治立场的转变紧密相连。唯物主义因素在《莱茵报》时期一直在持续地加强，唯心主义则在各个具体环节不断被抛弃，到了《莱茵报》时期的末期，马克思已经从根本上怀疑自己原来在国家与市民社会问题上的唯心

---

① 赵常林认同第一种观点，他认为《莱茵报》时期马克思的哲学思想性质是唯心主义的，并没有开始向唯物主义转向。参见赵常林：《关于〈莱茵报〉时期马克思哲学思想的性质》，载《江淮论坛》1984年第6期。
② 李健：《青年马克思思想发展"两大转变"论再认识》，载《高校理论战线》2013年第1期。

主义看法了。

针对长期影响国内外学界的"两个转变"的研究范式，王绯璠提出这种范式在产生不少研究成果的同时，也"造成了马克思早期思想价值乃至马克思主义理论资源的严重失落"[①]。对传统研究路向的一种重要批评是，它预设了马克思必然会实现"两个转向"，并且总是不自觉地以"两个转向"为评价标尺。无论赞同与否，随着研究的展开与深入，这个问题成为摆在学者们面前的重要课题，我国学界对"两个转变"的认识也愈加多元化。正如黄建都所指出的那样，马克思在《莱茵报》至《德法年鉴》时期留下的丰富著述，这些早期文献"凸显了马克思思想发展的曲折过程和理论的复杂内涵，其思想容量是'两个转变'的诠解框架所难以容纳的"[②]。正因为认识到这一局限，学界讨论的焦点也由单纯的支持或质疑"两个转变"转向了更深层的思考，是否只能用"两个转变"把握马克思的思

---

① 王绯璠：《试从〈莱茵报〉系列文本刊青年马克思的政治态度》，载《湖南社会科学》2020年第1期。
② 黄建都：《"苦恼的疑问"及其解决:〈莱茵报〉—〈德法年鉴〉时期马克思文献及思想再研究》，中国人民大学出版社2015年版，第10页。

想?"两个转变"的讨论是否会带来马克思哲学思想的处处断裂?于是,有了逐渐突破这种研究范式的趋势。对《莱茵报》时期马克思思想的转变,有学者将其称为马克思由对"政治暴政"的批判转向对"经济暴政"的批判,它促使马克思超越了自己的思想传统,并开始了政治经济学的研究,而这两个前提是唯物史观创立的先决条件。①所谓"政治暴政"即指普鲁士政府对以出版自由为代表的人民自由的践踏,"经济暴政"即指其背后的物质利益压榨。

面对影响甚深的"两个转变"研究框架,有学者索性直接抛开了这种研究角度。比如聂锦芳认为,"两个转变"是哲学的党性原则和日丹诺夫式的哲学史解读模式的一种贯彻及体现,其阐释过于简单化,造成的影响是学界对马克思丰富的思想内涵视而不见。他首先对马克思主义哲学史研究中长期流行的"两个转变"的诠解框架与批判模式提出质疑,然后具体分析了马克思与青年黑格尔派之间近十年复杂的思想纠葛,从而探求马克思的思想发

---

① 刘静:《马克思在〈莱茵报〉时期思想的转变对唯物史观创立的重要意义》,载《中州大学学报》2003年第1期。

展。他对马克思在《莱茵报》时期思想的总体特点评论道:"社会生活因利益的对立而激起的波澜,在马克思内心世界形成强烈的冲击,他开始触摸到社会结构的内核及其深层本质。"①聂锦芳不再使用"两个转变"的话语,侧重于阐发青年马克思思想的独特发展过程。

孙熙国则重新思考了马克思思想发展中的连续性,从马克思在青少年时期遇到的社会环境、家庭教育、文化启蒙及个人独特的人文情怀与致思路径出发,论证《莱茵报》时期马克思所谈的物质利益已经具有现实的历史内容,这一时期的马克思已经在思想上完成了对黑格尔抽象理性主义的超越。②

吴晓明在《形而上学的没落——马克思与费尔巴哈的当代解读》中致力于从形而上学发展的脉络,将《莱茵报》时期马克思的哲学立场概括在"理性"这一概念中。③吴晓明认为,马克思用"理

---

① 聂锦芳:《思想的传承、决裂与重构(上)——〈德意志意识形态〉创作前史研究》,载《河北学刊》2006年第4期。
② 孙熙国:《马克思对物质利益的最初关注和早期探索——对学界三题的辨析》,载《北京航空航天大学学报》2012年第5期。
③ 吴晓明:《形而上学的没落——马克思与费尔巴哈的当代解读》,人民出版社2006年版,第431页。

性"去把握现实,反映了传统的形而上学的思维方式面向现实所具有的局限,这也是跳出列宁"两个转变"的新的范式。

还有学者还原了马克思对大量社会现实的深入了解,不再局限于列宁那种哲学思考的讨论,而是将哲学思考与现实结合起来。郭星云把理性与现实的统一作为研究的一个线索,认为该线索能够清晰地揭示出马克思早期思想发展的逻辑进程与不同阶段的思想特点。① 李应瑞侧重于揭示马克思《莱茵报》时期政治批判思想的理论主题——为贫苦群众谋解放。周泉总结了评价学界评价马克思在《莱茵报》时期思想的两种倾向,第一种是从马克思1848年以后的思想为价值判断基准,力图寻求和确证青年马克思与之后的马克思在思想上的一致性与连贯性。这种倾向存在忽视马克思思想在不同时期差异性的弊端和过度解读的嫌疑。第二种则是严格立于马克思的早期文本去研究这一时期马克思的思想状况。这种倾向在反映马克思思想发展的整体性与连续性上显得不足,有割裂马克思前后思想的可能。因此,

---

① 郭星云:《试论青年马克思思想进程中理性与现实相统一》,载《马克思主义哲学研究》2010年第1期。

"对具体历史环境下的文本考察和对考察得出的结论进行评价和定位,必须与马克思后来思想发展和政治实践结合起来"①。

三、焦点问题

进入《莱茵报》时期,马克思开始了现实的政治斗争。为正确理解和定位马克思该时期前半部分的思想,学界进行了一些研究。研究分为两类,一类是对这一时期四篇文献进行具体的文本分析,集中在争取新闻自由、批判等级代议制、批判历史法学派三个方面;另一类是从整体理解《莱茵报》前期的文献,围绕自由观、国家观、理性观、哲学观等进行了研究。

(一)对新闻出版自由的捍卫

《莱茵报》作为马克思的新闻实践基地,是其新闻观、政治思想和哲学思想发展的重要驿站。学界关于马克思《莱茵报》初期文献中的自由观研究主要分为具体的新闻出版自由和抽象的哲学自由观两个方面。马克思在《莱茵报》前期主要针对普鲁士

---

① 周泉:《马克思〈莱茵报〉时期的哲学世界观演变探析——兼论学界的几种主流观点》,载《理论月刊》第3期。

政府颁布的书报检查令进行批判，他站在启蒙主义的立场上，坚定地捍卫新闻出版自由和言论自由。《莱茵报》时期对于理解青年马克思思想发展进程十分重要，而新闻出版自由思想作为《莱茵报》前期马克思的政论主轴，体现并影响了马克思此时的哲学思想、自由观、国家观，对他之后新世界观的形成有着重要作用。

卢格于1842年7月在自编的《德意志年鉴》杂志上这样评价《评普鲁士最近的书报检查令》："关于出版自由，以及在捍卫出版自由方面，从来没有，甚至也不可能有比这说得更深刻更透彻的了。"① 类似地，梅林也在《马克思传》一书中称赞道："马克思用来捍卫出版自由的剑，比他以前和以后的任何政论家的都更为光彩夺目和锋利。"② 即便是对社会主义有失偏颇论述的日本学者藤井一行，都对马克思《莱茵报》时期的新闻出版自由思想给予了高度的、公允的评价："马克思关于'新

---

① ［德］弗·梅林：《马克思传》，樊集译，人民出版社1965年版，第53页。
② ［德］弗·梅林：《马克思传》，樊集译，人民出版社1965年版，第53页。

闻出版自由"的论述在内容上不仅不次于弥尔顿和约翰·穆勒，在逻辑推理的严谨和尖锐性上，这些论述都是无可比拟的。"①我国学界，尤其是新闻传播界对马克思这一时期的新闻自由思想予以了较多的关注和研究，主要集中在具体研究马克思的新闻报刊思想、分析新闻出版自由与政治批判的关系、探讨两篇关于出版自由问题文章的关系问题上。

第一，对马克思新闻报刊思想的具体研究。徐梓淇认为，马克思在《莱茵报》工作的时间里，对报刊的地位、性质和作用的论述可以归纳为两个议题："自由报刊"和"人民报刊"，并且认为在马克思那里，这两个命题是相同的。梅林也持相同的看法，认为按照马克思的理解，真正的报刊就是自由报刊，也就是人民报刊。马克思对自由报刊的第一次正面论述是在《关于新闻出版自由和公布省等级会议辩论情况的辩论》中，而人民报刊的首次论述则在《〈莱比锡〉总汇报》。在普鲁士邦境内查封的时候，马克思在谈论新闻报刊自由时所使用的"人民""人民理性""人民精神"，这些不是一种修辞学

---

① ［日］藤井一行：《社会主义与自由》，大洪译，黑龙江人民出版社1982年版，第15—16页。

意义上的表述，而是把这些作为了报刊安身立命之基。因此，徐梓淇认为，"人民理性"是马克思《莱茵报》时期报刊思想的基础，但是这个基础在之后面临的物质利益和现实斗争中逐渐动摇并最终倒塌①。

更为具体地，陈力丹借助马克思使用的"自由报刊的历史个性和人民性"这一对概念，仔细分析了马克思对自由报刊性质的认识。"自由报刊的人民性（……），以及它所具有的那种使它成为体现它那独特的人民精神的独特报刊的历史个性。"②自由报刊的历史个性指的是，自由报刊"同本国的历史和特殊环境紧密连接"，以精神的方式反映国家和民族的历史、参与国家与民族的历史进程。自由报刊的人民性，即体现人民精神，表达人民意愿，是由其历史个性所决定的。马克思一针见血地指出了佐尔姆斯—劳巴赫伯爵对新闻出版自由所持的历史观点的错误关键，在于他要求"各民族的报刊成为表现他的观点的报刊，成为上流社会的报刊，还

---

① 徐梓淇：《〈莱茵报〉时期马克思的新闻报刊思想研究》，载《新闻传播》2011年第10期。
② 《马克思恩格斯全集》第1卷，人民出版社1995年版，第153页。

要求它围绕个别人物旋转"①。马克思关于自由报刊人民性的论述很多,他既指出报刊是人民精神的表达者,又承认报刊同时也会显现人民的缺陷。报刊会伴随着人民精神的成熟而不断成熟,具备道德精神。②更进一步,王喜从共同体思想出发,阐述了马克思此时对公共舆论之于国家共同体建构意义的分析,强调了自由报刊的人民性和公共性。③

第二,对新闻出版自由与政治批判关系的研究。陈先达、靳辉明认为,马克思通过争取出版自由,反对普鲁士的书报检查令,但这并不是马克思斗争的最终目的和落脚点,而是把斗争的矛头指向整个普鲁士封建专制制度。因为马克思并没有把书报检查制度看成一种鼓励的制度,而是把书报检查制度同普鲁士的国家制度联系在一起,马克思指出:"书报检查的一般本质是建立在警察国家对它的官员抱有的那种虚幻而高傲的观念之上的。"④同时,

---

① 《马克思恩格斯全集》第1卷,人民出版社1995年版,第153页。
② 陈力丹:《马克思论自由报刊的历史个性和人民性》,载《新闻前哨》2014年第7期。
③ 王喜:《〈莱茵报〉时期马克思共同体思想的四重呈现》,载《长白学刊》2019年第6期。
④ 《马克思恩格斯全集》第1卷,人民出版社1995年版,第133页。

马克思认为，普鲁士政府所为的新的政策实际上是极其虚伪的，他说"虚伪自由主义的手法通常总是这样的：在被迫让步时，它就牺牲人这个工具，而保全事物的本身，即制度。这样就会转移从表面看问题的公众的注意力""对事物本身的愤恨就会变成对某些人的愤恨。有些人以为人一变换，事物的本身也就会起变化"①。普鲁士的统治阶级取消判断的客观标准，把这种判断权交给自己委任的检察官，这反映了普鲁士国家是封建官僚制国家。②李应瑞指出，马克思通过对新闻出版自由问题的探讨和对资产阶级所谓新闻出版自由虚假性的揭露，明确了其保卫、实现贫苦群众利益的人民立场。③

第三，对两篇关于出版自由问题文章关系的探讨。马克思《评普鲁士最近的书报检查制度》和《关于新闻出版自由和公布省等级会议辩论情况的辩论》中的主题都是关于出版自由问题，但是这两篇文章的发表却相隔了四个月的时间，而且两篇文

---

① 《马克思恩格斯全集》第1卷，人民出版社1995年版，第109页。
② 陈先达、靳辉明：《马克思早期思想研究》，中国人民大学出版社2016年版，第37—40页。
③ 李应瑞：《马克思政治批判思想的理论主题及当代启益——基于〈莱茵报〉政论文章的探讨》，载《西北民族大学学报》2020年第2期。

章的命运截然不同，前者未能通过书报检查而没在《德国年鉴》上发表，而后者则顺利在《莱茵报》上发表。这两篇文章的联系是明确的，但两者之间的差异究竟在哪儿？后者是对前者简单地重复还是进一步的深化？一般认为，后者进一步发挥了前者的重要思想，并且得出了一些新的结论，其中最重要的：在社会各方对自由的不同态度的背后起作用的，是他们的等级（阶级）的不同利益。对此，陈先达、靳辉明指出，虽然两者主题相同，但后者并不是对前者重复，在思想上有了进一步的发展。他们引用了马克思在1842年4月27日写给致卢格的信中的一段话："我给《莱茵报》寄去了一篇关于我们最近莱茵省议会的长文章，文章有一个对《普鲁士国家报》讽刺性引言。由于出版问题的辩论，我又重新回到书报检查和出版自由问题上来了，从另一观点加以考察。"① 他们认为，马克思在《关于新闻出版自由和公布省等级会议辩论情况的辩论》中已经对书报检查令提出了新的看法，思想有了进一步的发展。他们认为有两点变化，首先，《关于

---

① 《马克思恩格斯全集》第27卷，人民出版社1972年版，第426页。

新闻出版自由和公布省等级会议辩论情况的辩论》的观点总的来说是唯心主义的,"但已经出现了唯物主义的萌芽",这种唯物主义的萌芽主要体现在马克思分析各个等级对待出版自由问题的态度,并对自由问题的分析不是从抽象意义上分析,而是联系现实。其次,马克思在第二篇文章中提出了代议制问题,"揭露了省议会和人民代议制之间的对立",马克思通过对等级议会制的批判看到了人民的力量,这是一个重大的发展。①

(二)对等级制议会问题的批判

在黑格尔的体系中,国家是普遍利益的代表,而个人是私人利益的代表,私人利益要服从普遍利益,私人利益和普遍利益的矛盾如何解决呢?黑格尔认为,私人利益和个人所属的等级直接相关,往往表现为不同的等级利益。因此,他认为,私人利益可以通过等级代表大会的形式来反映。事实上,马克思在未进入现实的社会政治斗争之前,对于普鲁士的等级议会制度还是抱有期待的,但是,当他看到莱茵省第六届议会的辩论之后,马克思便开

---

① 陈先达、靳辉明:《马克思早期思想研究》,中国人民大学出版社2016年版,第40—41页。

始了对等级议会制度的批判。马克思的这一认识在《莱茵报》早期具有重大的意义,这是他对黑格尔思想体系的一个突破,奠定了马克思从现实出发去分析问题的基本立场。陈先达认为,马克思此时的唯物主义萌芽主要表现在批判了德国的等级议会制度,因为马克思看到了不同等级对待新闻出版自由的不同态度,而态度的背后必然是各自的利益在主导。[1]类似地,李红波也认为,马克思《关于新闻出版自由和公布省等级会议辩论情况的辩论》一文中除了批判普鲁士的书报检查制度,更重要的是还就当时德国政府采取所谓的"代议制"进行揭露和批判。"当时莱茵省的议会,它名义上是由贵族、市民、农民代表所组成,但实际上贵族在省议会中占大多数,捍卫的是地主贵族的特权,并不能真正代表人民的利益。"[2]

张亮将马克思对等级制度的批判与他接下来对物质利益的探讨联系起来,认为对莱茵省议会关于

---

[1] 陈先达、靳辉明:《马克思早期思想研究》,中国人民大学出版社2016年版,第41页。
[2] 李红波:《马克思反对封建"政治暴政"的思想探析——兼谈马克思〈莱茵报〉时期的自由观》,载《经济与社会发展》2005年第12期。

出版自由的辩论所做的分析促使马克思不断地从观念下降到现实，在对议会的等级代表制的考察中实际触及了社会的社会结构这样一个重大问题。马克思认识到，等级从属状态对于政治的利益代表机构，对政治态度和政治信念有直接的影响，诸侯等级和贵族等级所享有的政治和社会特权是他们反对出版自由的根源。弄清楚社会地位和政治代表制度之间的联系，对于马克思革命的民主主义思想的进一步发展的确是具有非常重要的意义的。①

（三）对历史法学派的批判

跟这一时期有关新闻出版自由的研究比起来，学界对《历史学派的哲学宣言》的专门研究相对较少。焦佩锋在《唯物史观与历史主义》一书中梳理了马克思对历史主义派别之一——历史法学派的批判，指出对该学派的分析和批判"构成了马克思抨击历史主义的第一次理论举动"。马克思对历史法学派的批判表现在三方面：第一，历史学派和它的反对者（以启蒙为象征的整个18世纪）一样，都

---

① 张亮：《在转向唯物主义和共产主义的前夜——〈莱茵报〉时期马克思哲学思想发展的再考察》，载《华中科技大学学报》（社会科学版）2006年第7期。

是"轻佻精神"的产物;第二,历史法学派的"起源崇拜"是18世纪虚构之风的再现,结果是"船夫不在江河的干流上航行,而在江河的源头上航行";第三,在历史法学派所推崇的"历史法"逻辑下,胡果只知道历史中有过什么,全然不知道人类的存在及实践活动对历史意味着什么,法律因此失去了严格的标准和基本的尺度。总之,历史法学派所给出的"历史法"只是为了替旧制度辩护,这样一来,对现实的批判也就不再可能。①

张文喜指出,马克思主要从法哲学和从历史虚无主义方面对历史学派进行了批判。萨维尼认为,任何时代都不是独立地和任意地创造出它的世界,而是与整个过去不可分割地联系着。既然如此,对于过去既定的东西的抛弃严格说来是完全不可能的,这些既定的东西不可避免地控制着我们。进一步讲,在萨维尼的法学理念中,我们只可能认识过去的错误,而不能改变过去的错误。马克思认为,历史学派本身显然缺乏哲学洞见,它不懂得德国唯心主义。对于历史学派的理性观点来说,理性是历

---

① 焦佩锋:《唯物史观与历史主义》,复旦大学出版社2013年版,第93—95页。

史的、可变的，理性依赖于引起它的变化的力量。对于历史学派来讲，这种引起理性变化的力量不可能是别的，而只能是那种盲目的非理性的力量。结果，只有动物的本性才是他们思想的支撑点。马克思在《历史学派的哲学宣言》主要对胡果的观点进行了评判分析从而来批判历史学派的观点。①

（四）自由观

在当时的德国，自由问题成为整个社会反抗封建专制统治的战斗口号。马克思早在《博士论文》中就提出了"定在中的自由"的观点，到了《莱茵报》时期，他更是把自由问题当作为之战斗的首要目标。在《评普鲁士最近的书报检查令》一文中，"马克思所要求的是具体的新闻自由，而其批判方法中涉及的则是抽象的自由"②。学界也对这一时期马克思哲学意义上的自由观进行了研究，比较全面地整理和分析了马克思这一时期关于自由的思想，从马克思自由观的变化来分析其由唯心主义走

---

① 张文喜：《论马克思对历史学派本质探问的视角——读马克思的〈历史法学派的哲学宣言〉》，载《理论探讨》2009年第5期。
② 张湛苹：《对新闻学界误读〈评普鲁士最近的书报检查令〉的几点匡正》，载《新闻史》2015年第10期。

向唯物主义的转变动因。围绕如何评价马克思的自由观，学界展开了这些研究：马克思此时的自由观对《博士论文》的自由观的深化和发展，马克思的自由观与其唯物主义转向的关系，马克思的自由观与欧洲自由主义传统的渊源和超越，马克思关于自由与法关系的研究，等等。

第一，研究马克思此时的自由观怎样深化和发展《博士论文》的自由观。黄建都认为，在《评普鲁士最近的书报检查令》《关于新闻出版自由和公布省等级会议辩论情况的辩论》中，马克思通过猛烈批判书报检查令，揭露其伪自由、反自由的本质，捍卫了自由理性的价值理念，升华了对自我意识"具有最高的神性"这一命题的理解，深化和发展了对"定在中的自由"的理解。具体地说，马克思此时将自由明确界定为"每一个现实的人的自由权利"，相比于《博士论文》中将自由的主体看作单个的自我意识，以原子的偏斜运动体现出来，是一个很大的进步，是马克思的自由观从逻辑向历史的深化与发展，这是因为马克思此时面对的是已经现实化的世界。此外，马克思识破了书报检查制度、现代议会制度的伪自由的本质特征，认识到"天上的和地上的神"显现为压制自由的书报检查制度及普鲁士专制政权,不同于《博士论文》中从原子论哲学的层面上论证,"自由是定在中的自由,不是定在中的自由,就不能在定在中发亮"①。鲁克俭认为,马克思在《莱茵报》时期的自由主义总体上属于自由主义的左翼,即自由共和主义。他这一时期的两篇政论文(《评普鲁士最近的书报检查令》《关于新闻出版自由和公布省等级会议辩论情况的辩论》)所体现的自由主义与《博士论文》所体现的自由主义有所不同:前者的自由主义是基于理性、类和普遍性的自由,是法治下的自由,后者中的自由,是基于原子式个体的任性自由。这两篇争论文章中的自由研究开始萌发向共和主义转变的因素。②

第二,将马克思此时的自由观与其唯物主义转向进行关联研究。有学者认为,马克思的思想经历了"从对自我意识的追寻到对人类本性的高扬、从抽象的哲学沉思到社会问题的具体考察的转变过

---

① 黄建都:《"苦恼的疑问"及其解决:〈莱茵报〉—〈德法年鉴〉时期马克思文献及思想再研究》,中国人民大学出版社2015年版,第71—81页。
② 鲁克俭.《试论马克思〈莱茵报〉时期的共和主义思想》,载《现代哲学》2019年第1期。

程",这标志着马克思"从唯心主义向唯物主义历史转变的开端"①。黄楠森指出,此时马克思的自由观已经打开一条裂缝,虽然马克思当时和其他黑格尔主义者一样,从理性出发来看待自由,将自由看作人固有的本性,"是全部精神存在的类的本质",并由此出发来考察出版自由问题。但是,现实生活的冲击,使他逐渐摆脱抽象的思辨,而开始触摸到自由的实际内容,看到自由是现实的,在不同的人那里有着不同的自由。他说,"自由确实是人所固有的东西,连自由的反对者在反对现实自由的同时也实现着自由""没有一个人反对自由,如果有的话,最多也只是反对别人的自由。可见,各种自由向来就是存在的,不过有时表现为特权,有时表现为普遍权利而已"。这种认识对青年马克思有着重要意义,表明他不再把自由看成抽象的东西,开始对它做具体的分析。②罗骞则指出,马克思把自由看成人类理性精神的普遍本质和特权,"全部精神

---

① 杨文圣:《论马克思〈莱茵报〉时期的自由观》,载《前沿》2012年第18期。
② 黄楠森:《马克思主义哲学史》第1卷,北京出版社1996年版,第133—135页。

存在的类本质"，而不像后来那样具体地考察自由遭遇生产方式、社会历史条件的普遍中介和限制，没有考虑此种自由因其绝对普遍性从而具有绝对抽象的性质，他并不认为此时马克思的自由观已经走向了唯物主义。①

第三，分析马克思的自由观与欧洲自由主义传统的渊源和它对欧洲自由主义传统的超越。张守奎对《莱茵报》时期马克思与自由主义传统进行了深入辨析，他援引马克思对德国所谓的自由主义者们说的话："这些自由派以为，把自由从现实的坚实土地上移到幻想的太空就是尊重自由。这些流于幻想的空谈家、这些伤感的狂热者把他们的理想同日常现实的任何接触都看成亵渎神明。对我们德国人来说，自由之所以直到现在仍然只是一种幻想和伤感的愿望，一部分责任是要由他们来负的。"②张守奎认为，人们对这段文字的解读是肤浅的，往往从马克思对自由主义者的这段批评中，读出马克思切断了他自己的思想与自由主义的内在关联，却没有

---

① 罗骞：《自我意识哲学对启蒙原则的论证——马克思早年思想的现代性取向》，载《江苏大学学报》（社会科学版）2014年第6期。
② 《马克思恩格斯全集》第1卷，人民出版社1995年版，第188页。

意识到马克思批评的是他那个时代的德国特殊样式之自由主义的保守性，认为它耽于幻想而不付诸实践。实际上，马克思不是要否定自由主义，而是指责自由主义之理想在德国还未真正实现。论者着重分析了马克思与整个近代欧洲思想史之间的内在关联，并认为，此时的马克思由于尚未经过对黑格尔法哲学的深入批判以及真正对政治经济学进行深入研究，因此，他还没有本质性地把握自由主义的根本缺陷，从而不能从根基处超越自由主义。①

针对学界存在的《莱茵报》时期马克思思想的整体性质是自由主义的这种判断，宋朝龙等提出，"《莱茵报》时期马克思思想的整体性质不能界定为自由主义"，马克思站在人类普遍自由的立场，批判了资产阶级形式自由沦为行业自由的现实，将人类普遍自由的实现寄希望于劳动阶级。马克思对特权等级的等级自由和资产阶级的形式自由、行业自由的否定，以及将普遍自由和劳动人民的革命和解放事业联系在一起，"这蕴含着马克思思想新的发展方向，为创建历史唯物主义和共产主义思想体系

---

① 张守奎:《〈莱茵报〉时期之前的马克思与自由主义传统》，载《江苏社会科学》2013年第3期。

准备了基础"①。

除此之外，通过细致的文本分析，由对马克思关于自由与法的关系的探寻来挖掘这一时期马克思的自由思想和法律思想，也是学界研究的一个角度。孙伯鍨指出，《关于新闻出版自由和公布省等级会议辩论情况的辩论》和《评普鲁士最近的书报检查令》一样，马克思对出版自由的论证仍旧是援引理性和法律为依据，仍然把自由视为理性的规律，而法律是理性的体现，为了争取出版自由，他诉诸理性、诉诸法律，要求用出版法来代替书报检查令。②类似地，杨文圣援引四篇文章马克思关于"自由"的大量论述，从阐释自由是人的全部精神的类本质开始，进而分析新闻出版是人类自由的真正实现，而法律是人民自由本质的真正表达，最后落脚在理性自由的国家是人民精神力量的真正代表。③曾庆伟也指出："马克思从本义上把'法'理

---

① 宋朝龙、张玉洁：《马克思对形式自由和理性自由的超越——对〈莱茵报〉时期的马克思是不是自由主义者的再探讨》，载《哲学动态》2019年第10期。
② 孙伯鍨：《探索者道路的探索》，南京大学出版社2002年版，第91页。
③ 杨义芏：《论马克思〈莱茵报〉时期的自由观》，载《前沿》2012年第18期。

解为：事物自然的、内在的、固有的本质及其规律；把'自由'理解为：按事物的内在的、自然的、本质的规律运动；把'法律'理解为：对人类自由本性的普遍的、真正的表达和确认，这种人类自由是按自身的内在的、自然的、本质的规律运动着的。因而，法律作为一种人类活动、社会发展的产物就只有在充分体现了人类的自由本性时才是真正的、好的法律，只有在人类自由的充分实现中，法律才有存在的合理性。"[1]马克思认为，真正的法律是以法律的形式存在的自由，唯有真正的法律才能保障人民真正的自由。在张一兵看来，马克思继承了启蒙思想家以及康德的法哲学思想，认为自由是人的天性，马克思在《关于新闻出版自由和公布省等级会议辩论情况的辩论》中指出出版物在任何情况下都是人类自由的体现者，并由此推出真正法律是自由的体现，是自由的无意识的自然规律转变成有意识的国家法律，是以法令形式存在的自由。[2]还有的研究同样以四篇文章中关于自由的论述为蓝

---

[1] 曾庆伟:《自由与法律——在〈莱茵报〉时期的马克思视域里》，载《现代哲学》2001年第4期。

[2] 张一兵:《马克思哲学的历史原像》，人民出版社2009年版，第101页。

本，并将这些思想概括为马克思"自由制衡自由的法哲学思想"，认为马克思在《关于新闻出版自由和公布省等级会议辩论情况的辩论》及其一系列论辩文章中，进一步阐明自由的本质和新闻出版自由的基础，提出了"自由系统论"，完成了对自由主义的初步超越。所谓自由系统论，即指自由作为人类精神的普遍本质，在现实生活的不同领域中表现为不同的形式和内容，而这不同领域的自由是互相影响作用的，普鲁士政府破坏出版自由，就是对人民普遍自由的严重破坏。[①] 该研究强调了马克思自由观对法哲学的贡献。

（五）国家观

这一时期，马克思直接思考和参与社会现实，应当说，新闻出版自由并不纯粹是一个新闻媒体问题，背后是对专制制度的反抗，由于斗争矛头直指整个普鲁士封建专制制度，它实际上是一种政治批判。"马克思已经被一种远比哲学更强烈的兴趣吸引住了，自从他写了评书报检查令的文章后，他就走上了政治斗争的道路，……而不再到《轶文集》

---

① 王力：《〈莱茵报〉时期马克思的自由思想深层探析》，《学术论坛》2011年第3期。

上去纺他那哲学的线了。"①而当马克思对现实政治进行批判的时候,必然要涉及对国家的认识和态度。总之,马克思争取出版自由,反对普鲁士的书报检查令,这些无一不涉及国家问题,其国家观在《莱茵报》前期已经有了比较多的表述。学界的讨论主要围绕此时马克思的国家观与黑格尔理性主义国家观展开。

毫无疑问,此时的马克思仍然是青年黑格尔派的主要成员,其受黑格尔思想的影响依旧深刻。那么如何认识马克思此时的国家观,马克思此时对国家的认识是停留在黑格尔"理性主义"国家观的基础之上,还是已经抛弃了黑格尔的国家思想,这是一个重要的理论问题,学界在这个问题上观点比较一致。

大多数学者倾向于认为,由于受黑格尔唯心主义的影响,马克思此时仍然停留在黑格尔国家观之上,把理性看成是国家的本质。日本学者城塚登认为,尽管黑格尔从现存的普鲁士国家中看到了其国家思想的实现,马克思则是运用这种国家思想去批

---

① [德]弗·梅林:《马克思传》,樊集译,人民出版社1965年版,第12页。

判现存的国家，但是就国家观而言，说马克思和黑格尔完全相同，并不为过。①周敦耀指出，马克思在《莱茵报》上的文章，集中批判了普鲁士的封建等级代表议会，证明了君主立宪制理想的空幻。他先是批判普鲁士当局和等级议会的措施和立法，进而批判等级议会自身；往后他又转向批判普鲁士行政当局。马克思在批判和抨击日益反动的普鲁士国家中，"使用的理论武器是黑格尔的辩证的历史发展观和客观唯心主义的国家理论"，但是，他认为，随着马克思在《莱茵报》时期斗争和批判的深入，马克思的国家观也在经历不断的发展与变化，由"以黑格尔的国家观为武器到怀疑这一武器"，进而"以唯物主义的观点和方法批判黑格尔的唯心主义国家观了"。对社会结构、国家的本质和任务的新认识推动他向唯物主义国家观迈进，马克思分析关于出版自由的辩论中已经看到了等级的精神和特权，而这在黑格尔那里是没有的。因此，他认为

---

① [日]城塚登：《青年马克思的思想——社会主义思想的创立》，尚晶晶等译，求实出版社1988年版，第41—42页。

《莱茵报》时期是马克思国家思想的起点。①

孙伯鍨认为,马克思在《莱茵报》前期持有理性主义国家观,"他从黑格尔观点出发,把国家看成道德理性的最高实现,是调节社会发展的决定力量。他深信社会问题的解决归根到底有赖于对国家和法律所实行的改革"②,后期关于林木盗窃法的辩论则开始动摇他这个信念。在《〈科隆日报〉第179号的社论》中,马克思就国家和宗教的关系阐明自己的理性主义国家观。《科隆日报》社论的作者海尔梅斯站在基督教会的立场上,反对《科尼斯日报》和《莱茵报》讨论宗教和哲学问题,认为这样做只能给国家带来危害。马克思把这一社论当作"宗教党派"对自由思想的挑战,指出社论作者把哲学当作宗教的附属物,并且把宗教看成国家的基础这一荒谬观点。认为构成国家基础的东西不应该是宗教,而应该是哲学的理性。

张一兵、张亮继承了孙伯鍨的观点,并进一步

---

① 周敦耀:《马克思的国家思想的起点及其必然趋向——马克思在〈莱茵报〉时期的国家思想探索》,载《广西大学学报》(哲学社会科学版)1988年第1期。
② 孙伯鍨:《探索者道路的探索》,江苏人民出版社2010年版,第96页。

以1842年10月马克思正式加入《莱茵报》为界，把马克思这一时期的思想划分为两个阶段：实际因循黑格尔的国家观，心怀建立超阶级的、代表一切人利益的、保障全民自由的理性国家的幻想，深陷对黑格尔国家观的怀疑和不自觉的批判（亚意识的反动）中。也就是说，在本文涉及的文献中，马克思仍旧持有黑格尔的理性主义国家观。实际上把改革国家的重任交给了国家本身，只不过此时马克思相信普鲁士这个基督教国家能够转化为一个理性国家。[①] 杨文圣基本持相同观点，认为在《〈科隆日报〉第179号的社论》一文中，马克思批驳了关于宗教是国家自然基础的封建的国家观，申明带有黑格尔痕迹的理性自由的国家观。他首先从哲学的角度指出，哲学不是求助于感情，而是求助于理智，国家应当是合乎人性的国家。紧接着他指出人类社会的本质就是自由理性，不应该根据宗教来判定各种国家制度的合理性，而应该根据自由理性来构想国家。马克思指出，马基雅弗利、霍布斯、斯宾诺莎、卢梭、黑格尔等人开始从理性和经验出发，而

---

① 张一兵：《马克思哲学的历史原像》人民出版社2009年版，第97—99页。

不是从神学出发,开始"用人的眼光"来观察国家,来阐明国家的自然规律。这些思想家根据整体观念来构想国家,认为在国家这个庞大的机构里应当实现法律的、伦理的、政治的自由。马克思认为,国家的目的是"使有道德的个人自由地联合起来",使国家成为"相互教育的自由人的联合体"。这些构想为马克思后来在市民社会基础上发现现存国家是虚假的共同体,并提出建立自由人的联合体的理想,做了理论铺垫。①

马克思主要是从国家与法哲学、与宗教的关系的角度来阐发其国家观点的,他这个时期的国家观是理性主义的国家观,"你们将来定会承认,不应该根据宗教,而应该根据自由理性来构想国家"②。同时,马克思不仅仅停留于自由理性的层面,而且认为要依靠哲学使得国家具有人性的色彩。

此时的马克思确实在国家和法上的看法基本上还是沿袭了黑格尔的思想。但是,马克思的国家观也有不同于黑格尔的国家观的地方。在黑格尔的国

---

① 杨文圣:《论马克思〈莱茵报〉时期的自由观》,载《前沿》2012年第18期。
② 《马克思恩格斯全集》第1卷,人民出版社1995年版,第226页。

家理论中,他是把人民排斥在国家生活之外的,而马克思论证了"贫困阶级"权利的肯定性和合法性,把"贫困阶级"也纳入政治结构和国家结构当中去了。马克思这种重视"贫困阶级"的思想实际上为他后来的科学唯物史观的创立奠定了基础。周敦耀将人民主权思想视为"马克思的革命民主主义的一个突出的重要组成部分,也是马克思和黑格尔理性国家的一个区别点"①。在黑格尔的理性国家观里,人民是不包括在内的,认为理性需要什么,不是人民的事情。马克思则不同,从他为《莱茵报》撰稿起,就将人民利益包括在理性国家之内,而后愈益具体地指明被剥夺了权利的、被剥削的人民的愿望和利益应被包括在内。王晓广认为,马克思在其撰写的《〈科隆日报〉第179号的社论中》提出了一个重要命题:"国家的重心是在它本身中找到的"②,他认为,这个命题的提出和不断完善为马克思历史唯物主义国家观的形成提供了必要的理论前提。他认为,马

---

① 周敦耀:《马克思的国家思想的起点及其必然趋向——马克思在〈莱茵报〉时期的国家思想探索》,载《广西大学学报》(哲学社会科学版)1988年第1期。
② 《马克思恩格斯全集》第1卷,人民出版社1995年版,第227页。

克思对于国家本质和根据的认识,受到黑格尔理性国家观的很大影响,但也应当看到,马克思在这个问题上并非是对黑格尔的简单重复。他认为,此时虽然马克思仍然把自由理性视为国家现象及规律的基础和本质,但这里的理性既非"个人理性",也非"绝对理性",而是"公共理性""人民精神"。①

马克思对于国家与宗教关系的问题是马克思在《〈科隆日报〉第179号的社论》中阐述的主要问题。对于普鲁士国王威廉四世向天主教会让步,马克思愤慨地说道:"普鲁士在全世界面前亲吻教皇的鞋子,而我们执政的奴才则走在大街上,脸都不红一下。"②马克思认为,基督教本身并不能判断制度的好坏,而只是教导人们服从执掌权柄者。人们"不应该根据基督教,而应该根据国家的本性、国家本身的实质,也就是说,不是根据基督教社会的本质,而是根据人类社会的本来判断各种国家制度的合理性"③。那么,如何理解马克思对国家和宗教

---

① 王晓广:《"国家的引力定律"及其历史逻辑——从马克思的一个重要命题谈起》,载《学术交流》2012年第6期。
② 《马克思恩格斯全集》第27卷,人民出版社1972年版,第429页。
③ 《马克思恩格斯全集》第1卷,人民出版社1995年版,第226页。

关系的论断，马克思此时对宗教和国家关系问题的论述达到了何等高度？张亮认为，由于此时马克思在国家观上深受黑格尔的影响，所以他实际上是希望普鲁士能够从一个基督教国家转变为一个理性国家。此时的马克思并没有否定国家本身，仍然相信在普鲁士建立一个符合理性的国家是可能的。①

另外，学者牛苏林认为，马克思在《莱茵报》时期的世界观正处在向唯物主义和共产主义转变的阶段，而宗教观的形成和发展要受到世界观的制约，因此，马克思这一时期的宗教观也具有过渡性质，即马克思在《莱茵报》时期第一次在现实问题上将宗教批判与现实批判结合起来。但牛苏林认为，马克思的宗教观上已经开始孕育唯物主义的萌芽，因为马克思在分析不同阶层和阶级的宗教信仰问题已经注意到其世俗利益和政治倾向，"然而，他们这种宗教具有浸透着政治倾向的论战性的毒素，并且或多或少是具有意识地在为十足世俗而又

---

① 张亮：《在转向唯物主义和共产主义的前夜——〈莱茵报〉时期马克思哲学思想发展的再考察》，载《华中科技大学学报》（社会科学版）2006年第7期。

极其荒诞的贪欲披上圣洁的外衣"①。

(六)理性观

"理性"概念是马克思《莱茵报》时期思想的核心概念,马克思将哲学和政治问题相结合,将人的社会生活理解为合乎规律的历史过程,用理性精神去评价和规定现存的社会政治状况,重视理性精神对现实状况的批判、推动作用。换言之,理性精神是贯穿马克思《莱茵报》时期全部论述的基本立场和原则,"启蒙的理性法庭显然是此时马克思评判和规定其他一切的思想基础"②。学界讨论主要有以下几个关注点:从理性批判主义的角度归纳马克思这一时期的思维特征,并分析马克思此时的思想困境;马克思此时是否还处在黑格尔理性观的架构内。

在吴晓明将马克思在《莱茵报》时期政论立脚点概括为"理性"的基础上,学界对此进行了更多的研究。代建鹏、杨兴林将理性精神突出为贯穿马

---

① 牛苏林:《对天国的批判转向对尘世的批判——论马克思〈莱茵报〉时期的宗教观及其思想特质》,载《中州学刊》1992年第3期。
② 黄学胜:《青年马克思与启蒙》,复旦大学出版社2013年版,第53页。

克思《莱茵报》时期全部论述的基本立场，并认为马克思的理性观有三重向度：绝对理性、客观理性与主观理性。其中，涉及前期四篇政论文的主要是理性的客观性，他们认为马克思对德国哲学以及哲学与世界的关系的看法很好地体现了他对理性的客观性的理解。"理性的客观性也意味着理性总是具体的，总是与具体事物联系在一起的，理性不是一种单独的存在物，不是从外面对事物的一种规定；理性的客观性还意味着理性是客观的、现实世界是理性的世界"[①]，马克思力主对事物做具体的批判。

代建鹏通过对马克思这一时期的文章进行文本分析，提出了一个马克思此时所秉持的逻辑结构图。在该结构图中，宗教、理性在马克思的逻辑结构中是居于最高层次的，而宗教归根结底还是受理性的指导。国家和法律是处于中间层次，起到承上启下的作用。自由、本质、普遍等则是理性的三种不同属性。最后得出结论：现实事物与历史在马克思《莱茵报》时期的思想体系中处于被抽象和遮蔽

---

① 代建鹏、杨兴林：《宗教、理性与国家：马克思〈莱茵报〉时期思想的三个关键词》，载《重庆师范大学学报》（哲学社会科学版）2012年第2期。

的地位，因此，虽然马克思厌恶思辨而极力捕捉现实，但他此时的思想总的来说是一种究其实质是唯心主义的理性批判主义——马克思努力从现实出发，但他对现实的实质与意义的理解却不是在现实自身中实现的。这一方法与对象、出发点与目的地之间的深刻矛盾既使马克思此时的思想陷于困境，同时也赋予其多样发展的可能空间。①

王立洲也认为，理性批判主义是马克思在《莱茵报》时期的思想实质。马克思以理性来衡量批判一切现存事物，例如，在论述书报检查制度时，马克思认为书报检查制度是新闻出版自由的对立面，因为它的存在是不合于"自由"之理的；在论述等级制度时，他通过否定等级制度的本质——封建制而否定现实的等级制度；在论述法时，马克思把法的形式——制定法或习惯法与法的本质——法理区分开来。马克思是在两个层面上谈论理性的：第一，理性就是事物的本性；第二，理性是正确看待事物的方式。二者是内在统一的。马克思认为事物有其自身的本质，这一本质使它同其他事物区别开

---

① 代建鹏：《马克思〈莱茵报〉时期思想的逻辑结构与理论困境》，载《社会科学家》2013年第3期。

来。论者还分析了在此思维特点与思维方式下出现的不可避免的思想困境，这种困境处于理性批判主义的出发点和对象之间，出发点和目的之间以及对象和目的之间，并集中体现在国家问题上。具体来说，批判理性不关注事物的合理性，也无法解决人如何实现自由的问题，而马克思所持的国家观与现实的国家是格格不入的。①

马克思此时的政论是依照18世纪的启蒙精神来撰写的，表达了较为明显的启蒙理性主义立场。阿尔都塞断言，马克思从来就不是黑格尔派，而首先是康德—费希特派。吴晓明指出这个断言在哲学上尤其成问题，考察马克思此时的政论文章，不难发现，哲学上的黑格尔"因素"不仅没有削弱，反而是在加强。梅林的说法更为正确地反映了马克思政论的性质，"马克思用来捍卫出版自由的剑，比他以前和以后的任何政论家的都更为光彩夺目和锋利。……黑格尔曾谈到'一个坏报纸的可怜的、败坏一切的主观性'，而马克思则回到资产阶级的启蒙运动，在《莱茵报》上论证了康德哲学是法国革

---

① 王立洲：《马克思〈莱茵报〉时期思想的基本特征》，载《学习与探索》2009年第6期。

命的德国理论。但是他在返回这个问题时,他的政治和社会眼界已经为黑格尔的历史辩证法所大大地丰富了。"①

唐正东承认马克思受到黑格尔理性概念的影响,但是马克思接受黑格尔的"理性"的思维方式,并不是因为他对黑格尔的"理性"概念感兴趣,而是因为在这个时候,除了黑格尔的这种思维方式以外,马克思还没有能力找到更好的对人的思考方法。马克思此时最重要的进步是他面向现实的逻辑和面向革命的逻辑,这种逻辑在这一时期是借助于"理性"而结合起来的。尽管马克思的"理性"概念表达的主要是人类自由的内容,但这种表达形式本身随着马克思理论批判的深入已越来越显出了它不可克服的局限性。②罗骞指出,马克思是站在青年黑格尔派的立场,以黑格尔理性的国家来批判德国现实的专制制度,与老年黑格尔派的保守主义相比有明显进步,晚

---

① [德]弗·梅林:《马克思传》,樊集译,人民出版社1965年版,第53—54页。
② 唐正东:《马克思人学思想发展过程中的内在逻辑》,载《哲学研究》1994年第8期。

年黑格尔则是将现实的德国制度提升为理性的国家，但它们同样都居于黑格尔理性哲学的框架之内。①

还有学者分析了马克思此时的自由理性观相比于《博士论文》的发展。黄建都认为，在《〈科隆日报〉第179号的社论》中，马克思通过对哲学的自由权利的辩护，继承并捍卫了《博士论文》中提出的自由理性观，又赋予了抽象原则以具体内涵。该文的贡献在于，"世界哲学化"具体化为通过理性批判来清除普鲁士专制国家的反自由理性，于是将马克思在《博士论文》中提出的价值原则具体化和现实化了。在对历史法学派的批判中，马克思深化和发展了自由理性观。《博士论文》中，"哲学的实践"还只是理论批判活动，面对抽象的原子世界，批判对象的非现实性决定了哲学自我意识的理性标准不能包含具体的内涵。进入《莱茵报》时期，客观的理性标准都得到了具体的阐发，表现在对国家、法、报刊的理性原则的说明。

---

① 罗毒:《自我意识哲学对启蒙原则的论证——马克思早年思想的现代性取向》，载《江苏大学学报》（社会科学版）2014年第6期。

(七)哲学观

学界已有研究对马克思此时的政治观点进行了很好的研究,比如反对封建专制、主张新闻自由、维护民众利益及提倡共和制度等,相较之下,对支撑马克思政治观点的哲学思想的挖掘略显薄弱。在这样的局面下,很多学者围绕理性观进行了诸多讨论。这在前面一部分已单独列出来,此处不再重复,这里着重讨论对马克思此时哲学思想的定性问题。

对马克思这一阶段哲学性质的判断主要是为了给这一时期马克思思想确定位置,认识马克思思想发展的基本历程,明确在不同时期马克思思想前后的关联性。马克思在《莱茵报》前半期的认识水平达到何种程度,即这一时期马克思哲学的性质问题,是学界研究的一个重点,也是前面学者围绕马克思关于新闻出版自由、等级制议会、历史法学派的论述及其国家观、理性观、自由观等问题展开争论的核心。关于马克思哲学的性质问题,学界大概有四种观点。总体观之,大部分学者认为,整个《莱茵报》时期马克思的政治立场是革命民主主义,哲学观还是以唯心主义为主,但也经历了唯心主义到唯物主义的转变。具体到《莱茵报》早期的争论文章时,学者们往往以"思想发展过程的新起点""唯物主义观点的萌芽""新世界观的天才萌芽""意识到物质利益问题"等模糊词汇不能来描述马克思的思想转变,只有极少数学者把马克思涉及物质利益问题认为是向唯物主义的转变。

第一种观点认为马克思这一时期的哲学思想是唯心主义的,主要代表人物是赵常林。他提出应当根据哲学家实际上怎么解决哲学基本问题去判断其哲学性质,《莱茵报》时期的马克思继承了《博士论文》时期的观点,将哲学精神视为世界的本质,认为世界是哲学精神的表现。这主要表现在,马克思此时是从理性出发说明事物,去解释国家和法。在马克思那里,事物之所以存在是由于它合乎理性,而丧失理性、非理性的东西只是形式上的存在,并没有现实性,因而也就没有存在的根据。马克思从思想到物,以理性为准绳去衡量现实事物,这不能不说是唯心主义的。[①]孙伯鍨坚持马克思此时的哲学立场仍然是黑格尔的客观唯心主义,他依

---

① 赵常林:《马克思早期哲学思想研究》,北京大学出版社1987年版,第78—81页。

旧受着黑格尔的影响，并没有开始向唯物主义转向，并且对共产主义持批评态度。《评普鲁士最近的书报检查令》标志着马克思直接跨入了政治生活，"马克思的文章鲜明地表现了他的民主主义的政治立场，但他还是在唯心主义的精神下写成的，他仍然把精神、理性看成是社会发展的决定力量，把出版自由问题归结为精神自由问题"①。出版问题可以在精神领域中驰骋，可是一接触到现实的、直接的物质利益问题，马克思的唯心主义观点同客观现实的冲突就会明朗化、尖锐化，这样就迫使他探索、思考，从而在这个决定性的问题上取得了初步的突破。而他认为，马克思遇到这个问题是在《关于林木盗窃法的辩论》一文才真正实现。无独有偶，刘同舫也持相同观点，认为尚囿于黑格尔思想框架之中的马克思，其衡量社会的出发点仍然是唯心主义国家和法的观念，并未完全超出唯心主义的范畴。

将上述观点更推进一步，有学者认为马克思逐渐达到了对历史的唯物主义的理解。持这种观点

---

① 孙伯鍨：《探索者道路的探索》，南京大学出版社2002年版，第87页。

的学者认为，马克思在《莱茵报》时期发表的关于自由出版相关的一系列文章已经开始关注物质利益了，他在研究现实问题时已经看到了法、宗教以及整个思想体系都取决于阶级状况和经济利益。郑晓绵指出，马克思"把出版自由问题的分析与各等级实际利益紧密联系，他第一次发现了利益对人们行为的影响。动机背后隐藏着利益，这种利益是各等级的私利。诸侯、骑士等级的私利是政治、经济上的特权，城市等级的私利是商业利益"。"马克思发现了人们在现实生活中都是以自身的私人利益做为出发点进行道德评判的，而且在统治者在为自己的私人利益作辩护的时候常常还打着普遍利益的旗号。"[1] 因此，马克思是具体地、历史地理解人的需要、活动以及物质利益的满足，将其置于一定的历史背景中去考察，而不是从抽象的概念、范畴出发去理解。赵常林则认为，虽然马克思有一种自发的唯物主义倾向，认识到了阶级状况和经济利益的作用，但这还不是唯物主义本身，更不是他的自觉的

---

[1] 郑晓绵：《马克思"〈莱茵报〉时期"的伦理思想研究》，载《伦理学研究》2015年第3期。

哲学立场。① 拉宾也认为，在《莱茵报》的文章中，只是自发地出现了一些唯物主义的成分，"马克思这时还没有意识到他的世界观中已经产生的新的唯物主义倾向，而一般说来仍然是站在唯心主义立场上的"②。

第三种观点认为马克思接受了费尔巴哈的唯物主义，代表人物是里本金，他认为"马克思在1842年初就'同意费尔巴哈所制定的基本唯物主义原则'"③。持这种观点的学者是依据马克思在1842年3月20日写给卢格的信中的一段话，"在这篇论文里，我不免要谈到宗教的一般本质；在这个问题上，我同费尔巴哈有一些争论，这个争论不涉及原则，而是涉及对它的理解"④。这种观点分析将马克思所说的他同费尔巴哈的争论不涉及原则理解为两人在唯物主义原则上一致。奥·巴库拉泽不同意这

---

① 赵常林：《马克思早期哲学思想研究》，北京大学出版社1987年版，第81页。
② [苏]奥·巴库拉泽等：《马克思早期思想研究》，秦水译，生活·读书·新知三联书店1963年版，第51页。
③ [苏]奥·巴库拉泽等：《马克思早期思想研究》，秦水译，生活·读书·新知三联书店1963年版，第23页。
④ 《马克思恩格斯全集》第27卷，人民出版社1972年版，第424页。

种观点，认为说马克思早在1842年初就唯物主义地解决了哲学的基本问题，并不符合实际。① 叶向平对马克思《评普鲁士最近的书报检查令》这篇文章评价很高，根据1851年海尔曼·贝奈尔计划出版《马克思全集》时，马克思向他寄去这篇文章，并希望作为《马克思全集》的开篇之作这一史实，认为马克思本人也很看重这篇文章，成熟时期的马克思也并没有认为这篇文章是"唯心"的，是"不成熟"的，否则以他一贯高度的责任感和严谨的科学态度一定会加以说明。叶向平进一步认为，直到晚年的马克思和恩格斯都在坚持和发挥这篇文章中的观点。② 可见，论者高度认可马克思这一时期的论著，虽然没有明确表达马克思此时持有唯物主义哲学立场的观点，但他认为这些论著已经很成熟。

还有一种观点认为马克思处于正在形成的唯心主义向唯物主义过渡阶段，既不是唯心主义的，也非费尔巴哈的唯物主义，代表人物是曾盛林。他认

---

① ［苏］奥·巴库拉泽等:《马克思早期思想研究》，秦水译，生活·读书·新知三联书店1963年版，第23—24页。
② 叶向平:《读马克思〈评普鲁士最近的书报检查令〉札记》，载《理论学习月刊》1989年第7期。

为"马克思在最初研究了黑格尔之后就说'我不喜欢它那种离奇古怪的调子'"[①],据此判定马克思这一时期的哲学思想不属于黑格尔的唯心主义。他还认为马克思"没有象黑格尔那样,硬要在物质现实世界的背后设置一个绝对观念。黑格尔的绝对观念,是他为封建专制的普鲁士国家服务的保守的政治立场所需要的,马克思坚决批判普鲁士国家法律制度的革命民主主义立场使他不需要这个绝对观念"[②]。朱宝信认为《评普鲁士最近的书报检查令》是马克思初步形成的哲学观的实际运用,"他关于真理的客观性和无限性相统一的思想形成表明了他在《博士论文》中就已露端倪的综合唯物主义和唯心主义优秀成果以从中铸出自己的新哲学的工作又前进了一步"[③]。

具体到哲学观点,对此一阶段马克思哲学观的研究主要是基于《〈科隆日报〉第179号的社论》。

---

① 全国马克思主义哲学史研究会编:《论马克思主义哲学的形成和发展》,河南人民出版社1983年版,第10页。
② 全国马克思主义哲学史研究会编:《论马克思主义哲学的形成和发展》,河南人民出版社1983年版,第11页。
③ 朱宝信:《自由与真理——马克思〈评普鲁士最近的书报检查令〉研究》,载《学术月刊》1992年第10期。

黄楠森概括性地指出，这篇文章阐述了哲学与现实相结合的必要性，以及哲学与世界的辩证关系。[①]孙伯鍨在《探索者道路的探索》中指出，马克思认为哲学才是唯一真正的科学。哲学在政治方面所做的事情，也同任何其他科学在自己领域里做的一样。马克思指出了哲学与宗教的尖锐对立，宗教求助于感觉，而哲学求助于理性；宗教许诺人们天堂和人间，哲学只许诺真理；宗教要求人们信仰，哲学则只要求检验疑团；哲学作为现世的智慧，比宗教作为来世的智慧更有权关心这个世界的王国——国家。[②]

王海滨则尝试遵循马克思论述的具体语境，沿着马克思的思路，来探求其逻辑进路。他认为《〈科隆日报〉第179号的社论》这篇文章中的哲学观可概括为7个方面：否定旧哲学、"时代精神的精华"、"哲学的世界化"和"世界的哲学化"、形式特点、论证方式、对待哲学的态度、政治哲学。

---

① 黄楠森：《马克思主义哲学史》第1卷，北京出版社1996年版，第121—122页。
② 孙伯鍨：《探索者道路的探索》，南京大学出版社2002年版，第95页。

马克思否定了具有孤寂性、体系性、抽象性和晦涩性等特点的德国哲学,认为哲学应是"时代的产物""人民的产物";王海滨还指出《〈科隆日报〉第179号的社论》集中体现了马克思两个方面的政治哲学思想,一是从哲学角度研究国家的方式与研究历史,二是理性主义国家观。①

从马克思此时的论述中可以看出,他已有关于哲学本质的思考,不管是"时代精神的精华",还是人民的思想的精髓,二者的实质都是理性,马克思还强调哲学不能脱离现实的时代和人民。对于哲学的特征,王立洲认为,马克思从对哲学本质的理解出发,将哲学的特征归结为两个:"哲学只许诺真理"与哲学与宗教的根本对立性。在宗教中人不是立法者,神性给人性立法;而哲学则要求自由人,人就是自己的主人。因为哲学就是理性的自由表现,而宗教是非理性的实现。②

学者聂锦芳则着重指出哲学源于现实生活,真

---

① 王海滨:《〈科隆日报〉第179号的社论》的哲学观,载《阿坝师范高等专科学校学报》2010年第3期。
② 王立洲:《马克思〈莱茵报〉时期思想的基本特征》,载《学习与探索》2009年第6期。

正的哲学家产生于现实斗争。"哲学家并不像蘑菇那样是从地里冒出来的,他们是自己的时代、自己的人民的产物,人民的最美好、最珍贵、最隐蔽的精髓都汇集在哲学思想里。正是那种用工人的双手建筑铁路的精神,在哲学家的头脑中建立哲学体系。哲学不是在世界之外,就如同人脑虽然不在胃里,但也不在人体之外一样"①,随着马克思深入实际生活,马克思与青年黑格尔派运动、布鲁诺的分歧不断扩大和深化,马克思沿着主体与客体、意识与现实辩证统一的方向,研究复杂的社会理论问题,一步一步走向"新哲学"。②

---

① 《马克思恩格斯全集》第1卷,人民出版社1995年版,第144页。
② 聂锦芳:《思想的传承、决裂与重构(上)——〈德意志意识形态〉创作前史研究》,载《河北学刊》2006年第4期。

参考文献

1. 《马克思恩格斯全集》第1卷,人民出版社1995年版。

2. 《马克思恩格斯全集》第27卷,人民出版社1972年版。

3. [德]弗·梅林:《马克思传》,樊集译,人民出版社1965年版。

4. [法]奥古斯特·科尔纽:《马克思恩格斯传》第1卷,刘丕坤等译,生活·读书·新知三联书店1963年版。

5. [苏]尼·拉宾:《马克思的青年时代》,南京大学外文系俄罗斯语言文学教研室翻译组译,生活·读书·新知三联书店1982年版。

6. [日]藤井一行:《社会主义与自由》,大洪译,黑龙江人民出版社1982年版。

7. [日]城塚登:《青年马克思的思想——社会主义思想的创立》,尚晶晶等译,求实出版社1988年版。

8. [苏]奥·巴库拉泽等:《马克思早期思想研究》,秦水译,生活·读书·新知三联书店1963年版。

9. 赵常林:《马克思早期哲学思想研究》,北京大学出版社1987年版。

10. 黄楠森主编:《马克思主义哲学史》第1卷,北京出版社1981年版。

11. 黄楠森:《马克思主义哲学史》,高等教育出版社1996年版。

12. 罗燕明:《马克思恩格斯思想研究》,中央编译出版社2002年版。

13. 孙伯鍨:《探索者道路的探索》,南京大学出版社2002年版。

14. 张一兵:《马克思哲学的历史原像》,人民出版社2009年版。

15. 黄学胜:《青年马克思与启蒙》,复旦大学出版社2013年版。

16. 焦佩锋:《唯物史观与历史主义》,复旦大学出版社2013年版。

17. 黄建都:《"苦恼的疑问"及其解决:〈莱茵报〉—〈德法年鉴〉时期马克思文献及思想再研究》,中国人民大学出版社2015年版。

18. 陈先达、靳辉明:《马克思早期思想研究》,中国人民大学出版社2016年版。

19. 周敦耀:《马克思的国家思想的起点及其必然趋向——马克思在〈莱茵报〉时期的国家思想探索》,载《广西大学学报》(哲学社会科学版)1988年第1期。

20. 王金福:《唯物主义还是客观唯心主义?——"莱茵报"时期马克思世界观的基本性质再探》,载《福建论坛》(文史哲版)

1988年第4期。

21. 叶向平：《读马克思〈评普鲁士最近的书报检查令〉札记》，载《理论学习月刊》1989年第7期。

22. 牛苏林：《对天国的批判转向对尘世的批判——论马克思〈莱茵报〉时期的宗教观及其思想特质》，载《中州学刊》1992年第1期。

23. 朱宝信：《自由与真理——马克思〈评普鲁士最近的书报检查令〉研究》，载《学术月刊》1992年第10期。

24. 唐正东：《马克思人学思想发展过程中的内在逻辑》，载《哲学研究》1994年第8期。

25. 吴晓明：《"理性的法"和"私人利益"——马克思〈莱茵报〉时期所面临的物质利益难题》，载《复旦大学学报》（社会科学版）1994年第5期。

26. 曾庆伟：《自由与法律——在"莱茵报"时期的马克思视域里》，载《现代哲学》2001年第4期。

27. 刘静：《马克思在〈莱茵报〉时期思想的转变对唯物史观创立的重要意义》，载《中州大学学报》2003年第1期。

28. 李红波：《马克思反对封建"政治暴政"的思想探析——兼谈马克思〈莱茵报〉时期的自由观》，载《经济与社会发展》2005年第12期。

29. 张亮：《在转向唯物主义和共产主义的前夜——〈莱茵报〉时期马克思哲学思想发展的再考察》，载《华中科技大学学报》

（社会科学版）2006年第7期。

30. 聂锦芳：《思想的传承、决裂与重构（上）——〈德意志意识形态〉创作前史研究》，载《河北学刊》2006年第4期。

31. 段忠桥：《〈莱茵报〉时期使马克思苦恼的"疑问"是什么》，载《学术研究》2008年第6期。

32. 李淑梅：《马克思〈莱茵报〉时期的政治哲学思想》，载《哲学研究》2009年第6期。

33. 张文喜：《论马克思对历史学派本质探问的视角——读马克思的〈历史法学派的哲学宣言〉》，载《理论探讨》2009年第5期。

34. 王立洲：《马克思〈莱茵报〉时期思想的基本特征》，载《学习与探索》2009年第6期。

35. 郭星云：《试论青年马克思思想进程中理性与现实相统一》，载《马克思主义哲学研究》2010年第1期。

36. 周泉：《马克思〈莱茵报〉时期的哲学世界观演变探析——兼论学界的几种主流观点》，载《理论月刊》第3期。

37. 王力：《〈莱茵报〉时期马克思的自由思想深层探析》，载《学术论坛》2011年第3期。

38. 徐梓淇：《〈莱茵报〉时期马克思的新闻报刊思想研究》，载《新闻传播》2011年第10期。

39. 孙熙国：《马克思对物质利益的最初关注和早期探索——对学界三题的辨析》，载《北京航空航天大学学报》（社会科学版）

2012年第5期。

40. 王绯璠：《试从〈莱茵报〉系列文本刊青年马克思的政治态度》，载《湖南社会科学》2020年第1期。

41. 鲁克俭：《试论马克思〈莱茵报〉时期的共和主义思想》，载《现代哲学》2019年第1期。

42. 李应瑞：《马克思政治批判思想的理论主题及当代启益——基于〈莱茵报〉政论文章的探讨》，载《西北民族大学学报》2020年第2期。

43. 杨文圣：《论马克思〈莱茵报〉时期的自由观》，载《前沿》2012年第18期。

44. 王晓广：《"国家的引力定律"及其历史逻辑——从马克思的一个重要命题谈起》，载《学术交流》2012年第6期。

45. 代建鹏、杨兴林：《宗教、理性与国家：马克思〈莱茵报〉时期思想的三个关键词》，载《重庆师范大学学报》(哲学社会科学版)2012年第2期。

46. 代建鹏：《马克思〈莱茵报〉时期思想的逻辑结构与理论困境》，载《社会科学家》2013年第3期。

47. 李健：《青年马克思思想发展"两大转变"论再认识》，载《高校理论战线》2013年第1期。

48. 张守奎：《〈莱茵报〉时期之前的马克思与自由主义传统》，载《江苏社会科学》2013年第3期。

49. 罗骞：《自我意识哲学对启蒙原则的论证——马克思早年思

想的现代性取向》,载《江苏大学学报》(社会科学版)2014年第6期。

50. 陈力丹:《马克思论自由报刊的历史个性和人民性》,载《新闻前哨》2014年第7期。

51. 张湛苹:《对新闻学界误读〈评普鲁士最近的书报检查令〉的几点匡正》,载《新闻史》2015年第10期。

52. 宋朝龙、张玉洁:《马克思对形式自由和理性自由的超越——对〈莱茵报〉时期的马克思是不是自由主义者的再探讨》,载《哲学动态》2019年第10期。

下篇

一、文献写作概况

所涉及的文本包括1842年10月撰写的《第六届莱茵省议会的辩论（第三篇论文）〈关于林木盗窃法的辩论〉》（本篇简称《林木盗窃》），1842年10月15日发表的《共产主义和奥格斯堡〈总汇报〉》（本篇简称《总汇报》），1842年12月10、19和20日出版的《评奥格斯堡〈总汇报〉第335和第336号论普鲁士等级委员会的文章》（本篇简称《等级委员会》），以及1842年12月底至1843年写的《摩泽尔记者的辩护》（本篇简称《摩泽尔记者》）。

在这四篇文章中，《林木盗窃》针对的在莱茵省议会讨论林木盗窃法时，林木所有者要求对贫苦农民捡拾木材的行为采取更严厉的措施。其社会背景是当时的德国土地私有化程度加剧，农民日益贫困。在这种情况下，盗窃林木、破坏猎场和牧地等"违法"行为成为常见的现象，而政府对这些行为的惩罚措施也越来越严厉。1836年在普鲁士因这类行为而受罚的达15万人次，占全部刑事案件的77%。在这一背景下，政府依然觉得不够严厉，莱茵省议会就此展开辩论。马克思为此撰写了这篇文章，为"政治上和社会上备受压迫的贫苦群众"进行辩护。

《总汇报》是一篇论战性质的文章，以应对《奥格斯堡〈总汇报〉》对《莱茵报》的攻击。1842年10月11日，与《莱茵报》具有竞争关系的《奥格斯堡〈总汇报〉》撰文谴责《莱茵报》具有共产主义倾向，攻击《莱茵报》是普鲁士的共产主义者，"虽然不是真正的共产主义者，但毕竟是一位向共产主义虚幻地卖弄风情和频送秋波的妇人"。

1842年12月的《等级委员会》则是针对《奥格斯堡〈总汇报〉》对普鲁士政府提出的中央委员会代表制度的评论进行的评价，《奥格斯堡〈总汇报〉》认为人们的批驳主要在于中央委员会的组成和宗旨两个方面，而马克思则认为这两个方面其实不过是一个方面，代议制的代表选择不应当是任何形式的私人利益，因而无论是地产，还是所谓的智力，都不应当成为标准，应当是人民代表制，代表应当代表的是自由的人。

《摩泽尔记者》的撰写缘由是《莱茵报》在1842年12月10、12和14日发表了该报记者写的三篇描述摩泽尔的农民的悲惨处境的通讯,批评政府对于农民贫苦生活及其他们的控诉置之不理。这引起了政府的不满,莱茵省总督把两篇反驳文章送到《莱茵报》,职责《莱茵报》教唆摩泽尔的农民反对政府,说通讯作者的目的是"企图煽起不满情绪削弱当局和臣民之间的联系"。马克思于是专门撰写文章对政府的责难进行驳斥。①

二、文献内容概要

马克思在《莱茵报》期间进行了反对林木盗窃法的斗争,分析批判了莱茵省等级议会关于林木盗窃法的辩论。省等级议会从林木所有者的利益出发,把贫民捡拾枯树当作盗窃林木,以致把法律变为私人利益的工具。马克思发现,这一立法是遵守特权阶级的习惯,将私有者的意志上升为国家意志。马克思因此提出,国家的立法权不是属于人民的,而是属于特权阶级的。马克思发现了国家理性

---

① 聂锦芳:《清理与超越重读马克思文本的意旨、基础与方法》,北京大学出版社2005年版。

与无产者之间的对立，提出只有废除等级制、祛除拜物教，国家理性才能战胜私人利益，才能保障理性立法。

马克思于1842年10月15日发表的《共产主义和奥格斯堡〈总汇报〉》主要是关于共产主义的论争。马克思以科学的态度明确申明：《莱茵报》支持关于共产主义的宣传，但不等于认同或者要实现目前所流行的共产主义，它"甚至不承认现有形式的共产主义思想具有理论上的现实性，就更不会期望在实际上去实现它，甚至都不认为这种实现是可能的事情"[1]。马克思在这里所说的"现有形式的共产主义思想"，是指当时流行的空想共产主义、平均共产主义以及民主的共产主义。马克思不仅不相信这些共产主义、社会主义思想的现实性，甚至准备对这些流行的思想进行批判。而《总汇报》在宣传了共产主义的原理之后却又对共产主义以及对共产主义进行述评的《莱茵报》进行抨击，表现了其虚伪性。

《莱茵报》与奥格斯堡《总汇报》的论战并不止

---

[1] 《马克思恩格斯全集》第1卷，人民出版社1995年版，第295页。

于关于共产主义宣传的论争。1842年12月的《论等级委员会》进一步揭露和批判了《总汇报》维护封建等级制的立场。普鲁士政府力图以等级委员会①这种机构的改变来代替宪法的推行。这个事实标志着已经被抛弃的封建等级代表制在全国又普遍复辟，这一措施引起了社会各界的广泛讨论。马克思指出，关于普鲁士等级委员会的论争，直接关系到国家是否能实现的民主政治，其实质上是对复辟封建等级代表制的论争。

《摩泽尔记者》主要分析了摩泽尔河地区的贫困问题，分析了广大种植葡萄的农民利益受到损害、陷入贫困状态的事实，揭露了政府管理机构的"官僚本质"②。在考察摩泽尔河沿岸地区的贫困问题时，马克思不再用国家理性这个观念统摄一切，而是试图采取客观分析的方法，揭示国家的本质。马克思明确地阐明了自己的这种客观研究方法："人

---

① 普鲁士等级委员会是根据国王弗利德里希—威廉四世1842年6月21日的命令建立的。等级委员会委员由省议会按照等级从议员中选举产生，然后由国王召集各省等级委员会组成咨议性机构，即联合委员会。
② 李淑梅：《马克思〈莱茵报〉时期的政治哲学思想》，载《哲学研究》2009年第6期。

们在研究国家状况时很容易走入歧途，即忽视各种关系的客观本性，而用当事人的意志来解释一切。但是存在着这样一些关系，这些关系既决定私人的行动，也决定个别行政当局的行动，而且就像呼吸的方式一样不以他们为转移。只要人们一开始就站在这种客观立场上，人们就不会违反常规地以这一方或那一方的善意或恶意为前提，而会在初看起来似乎只有人在起作用的地方看到这些关系在起作用。"[1]这种客观的、本质的关系就是贫困与官僚机构的关系，是"既存在于管理机体自身内部，又存在于管理机体同被管理机体的联系中的官僚关系"[2]。这种官僚机构的落后的管理导致了当地种植葡萄的农民的贫穷，于是，"他们就起来反对狂妄自大的官僚，他们揭露世界的现实景象和官僚在办公室里所设想的世界景象之间的矛盾"[3]。

三、研究范式

学术界关于马克思这一时期思想的研究主要集

---

[1] 《马克思恩格斯全集》第1卷，人民出版社1995年版，第363页。
[2] 《马克思恩格斯全集》第1卷，人民出版社1995年版，第377页。
[3] 《马克思恩格斯全集》第1卷，人民出版社1995年版，第372页。

中在此时马克思的哲学立场上。马克思此时正处于一种思想的动荡期,由于现实的物质利益问题闯入了马克思的视野,并且严重冲击了黑格尔式的理性国家观念,理性与利益的对立使马克思陷入了困惑。而马克思的这种困惑、这种矛盾正是马克思最终成为马克思主义者的一个重要契机。那么,学术界自然也将研究重点聚焦于这个契机,聚焦于马克思当时所遇到的这块壁垒。

国内外学术界基于对马克思此时思想变化的理解,形成了截然不同的研究范式。最早将目光投向此时期马克思思想变化契机的是列宁,他所创立的研究范式直到今天依然规束着众多的研究者们,这就是"两个转变"说。

(一)列宁范式——"两个转变"说

1914年,列宁在《卡尔·马克思》一文中提出:"1842年,马克思在《莱茵报》(科隆)上发表了一些文章,……从这些文章可以看出马克思开始从唯心主义转向唯物主义,从革命民主主义转向共产主义。1844年在巴黎出版了马克思和阿尔诺德·卢格主编的《德法年鉴》,上述的转变在这里彻底完成。"① 这轻描淡写的一句话，却影响了学术界百余年，成为研究马克思早期思想的标准范式。但这"两个转变"的具体内涵列宁却没有明确，这也是导致学术界众说纷纭的一个原因。"两个转变"涉及了四个概念，"唯心主义""唯物主义""革命民主主义"与"共产主义"，每一个概念都包含了多层意蕴。那么，马克思是从何种层面进行这两种转向，以及如何进行转向的，列宁没有给出回答。所以，学术界就对马克思进行"两个转变"的理论层面与方法层面展开了充分的研究与争鸣。

在"两个转变"的研究范式下，学术界讨论的焦点集中在马克思此时在"两个转变"的动态过程中所处的位置，也就是说马克思究竟有没有完成转变，在何种层面完成了转变。按照转变的动态过程来区分，大致可将学术界的观点分为两大类：一类观点主张马克思的思想处于转变前夜，也可以说是刚刚开始转变；另一类的观点主张马克思思想正处于转变之中。

---

① 《列宁全集》第26卷，人民出版社1988年版，第83页。

1. 转变前夜

主张马克思此时正处于转变前夜观点的学者人数众多，也是一直以来的主流观点。

比如科尔纽明确指出马克思批评出版问题时还是一个唯心主义者，他从黑格尔的观点把国家和法看成理性的表现，此时马克思所持的还是黑格尔式的国家观，并以此作为此时期探讨各种问题的根本出发点，并且将社会问题的解决寄希望于代表着理性的法与国家。所以，此时的马克思还站在唯心主义的立场之上，也就是还没有发生转变①。

国内学术界中，有众多学者赞同科尔纽的观点。比如赵常林认为，此时马克思从思想到物，以理性为准绳去衡量现实事物，这不能不说是唯心主义的。同时，马克思也看到阶级状况和经济利益在历史上的作用，表现了一种自发的唯物主义倾向。但是，这种唯物主义倾向还不是唯物主义本身，本质上仍然是一种唯心主义。② 再比如黄楠森先生说

---

① [法]奥古斯特·科尔纽：《马克思恩格斯传》第 1 卷，刘丕坤等译，生活·读书·新知三联书店 1980 年版。
② 赵常林：《马克思早期哲学思想研究》，北京大学出版社 1987 年版。

过:"总的说来,他的世界观还是黑格尔式的唯心主义。"①孙伯鍨先生也认为,马克思此时是站在理性和法的立场上,对私人利益侵害国家与法的理性原则进行强烈的抗议与谴责。②王金福认为,从马克思世界观发展的客观进程来看,他仍处于黑格尔思想的支配之下,他是从客观唯心主义的立场强调关系的客观性,反对主观随意性的。③他强调了马克思此时的唯心主义是客观唯心主义,并集中表现在概念论中。

其他也有许多学者持相同观点,认为马克思此时还没有发生"两个转变",仍然站在唯心主义立场之上。不难看出,持这一类观点的学者们着眼于马克思分析问题的立场是黑格尔式的理性与法,即便是物质利益难题,实际上仍然在理性国家与法的框架下,始终没有冲出唯心主义的束缚。

---

① 黄楠森主编:《马克思主义哲学史》第1卷,北京出版社1991年版,第128页。
② 孙伯鍨:《探索者道路的探索》,南京大学出版社2002年版。
③ 王金福:《唯物主义还是客观唯心主义?——〈莱茵报〉时期马克思世界观的基本性质冉探》,载《福建论坛》(文史哲版)1988年第4期。

2. 转变之中

主张马克思思想正处于转变之中的学者们承认此时马克思思想中的唯心主义成分，但同时也十分重视马克思向唯物主义的靠拢倾向。

比如陈先达先生指出，此时马克思虽然历史观仍旧是唯心主义的，但却正处于唯心主义向唯物主义转变的过程中。从《林木盗窃》中可以看出，马克思一只脚已踏入现实世界，接触到了客观物质利益问题，但另一只脚仍然停留在唯心主义的精神世界里。接下来的《摩塞尔记者》一文，马克思进一步转向唯物主义，并在国家问题上达到此时期的最高成就。他指出国家的管理原则不是由个人意志决定的，而是由客观关系决定的。在《总汇报》中，马克思实现了思想上的飞跃，认为共产主义具有欧洲性的意义，马克思批判了空想社会主义并重视在理论上对共产主义的探讨。这表明了虽然马克思还停留在唯心主义王国中，但却向着共产主义迈出了一大步。①

再比如庄福龄先生也认为，《莱茵报》时期，马

---

① 陈先达：《走向历史的深处》，中国人民大学出版社2010年版。

克思遇到最突出的问题就是林木盗窃问题。在《林木盗窃》一文中，马克思"旗帜鲜明地捍卫贫苦群众的物质利益，猛烈抨击普鲁士国家和法律制度。但这时，马克思对国家和法的理解仍是以黑格尔唯心主义观点为基础的，即认为它们乃是理性的体现"①。但在《摩塞尔记者》一文中，马克思进一步转向了唯物主义。马克思"指出了在人的意志和行动背后客观的社会关系的作用，看到了客观关系对国家制度和管理原则的制约性，更进一步提出了探求国家生活客观基础的问题，这无疑是向历史唯物主义迈进了一步"②。不但如此，马克思在《总汇报》一文中，提出了要对共产主义进行"理论论证"，庄先生认为这意味着马克思提出了建立科学共产主义理论的任务，这又是向共产主义迈进了一步。

陈先达先生与庄福龄先生的观点十分相近。都认为马克思在《林木盗窃》中将自己置于了唯心主义的国度，但《摩塞尔记者》却带领马克思向共产主义转身，并在《总汇报》中迈进了一大步。

---

①② 庄福龄主编：《简明马克思主义史》，人民出版社2004年版，第30页。

此外，学者张亮认为，马克思在这时是在社会历史领域内构成了对黑格尔唯心主义的怀疑与亚意识反动，开始走向而不是走到了唯物主义。马克思力求通过对事实的分析，以达成对社会生活各种现象的真正本质洞察。[①] 而所谓的亚意识，就是出于意识与无意识之间的模糊状态，在这里指的是马克思对黑格尔的反拨还处于一种模糊、朦胧的状态。所以，这种观点仍然认为马克思处在转变之中。

不难看出，持转变中观点的学者们将研究的目光更多地聚焦于马克思对物质利益的注目之上，以及对共产主义的初步研究之上。并由此指出，此时期马克思的唯物主义立场占据了主导权，并在朦胧中产生了对黑格尔式唯心主义的反叛。

（二）对"两个转变"范式的突破

无论是"转变前夜"还是"转变之中"，都处于列宁"两个转向"的研究范式之下，讨论"转向"的具体形成。除此之外，近些年也有一部分学者寻求突破传统的"两个转变"研究范式，而是从其他

---

① 张亮：《在转向唯物主义和共产主义的前夜——〈莱茵报〉时期马克思哲学思想发展的再考察》，载《华中科技大学学报》（社会科学版）2006年第4期。

视角对此时期马克思的思想进行分析。

比如顾海良老师将此时马克思的思想转变归纳为三个环节。第一环节是《出版自由辩论》一文，马克思要求实现人民的普遍的自由。第二环节是《林木盗窃》一文，马克思站在农民的立场上，维护着他们利益，并且看到了物质利益的巨大作用。第三环节是《摩塞尔记者》一文，马克思指出了客观关系的存在，看到了社会生活的客观必然性。并在《总汇报》一文中第一次表明了对共产主义态度[1]。可以看出，顾海良老师将马克思的思想转变细化为三个阶段，这三个阶段层层推进，从对自由的要求到发现物质利益，又到重视客观关系与聚焦共产主义，这种对转变的解释要比单纯的提"两个转变"更加具体而明确。

对"两个转变"的范式突破比较明显的还有孙熙国老师，他从物质利益何时进入马克思视野、马克思距离唯物史观还有多远以及马克思理想主义到现实主义转向这三个问题出发，考察了此时期马克思的思想品格，并指出马克思通过对物质利益的关

---

[1] 顾海良主编：《马克思主义发展史》，中国人民大学出版社2009年版。

注、人民立场的建立,已经突破了黑格尔的理性主义与传统的理想主义,开始了对唯物史观大厦的奠基①。孙熙国老师的观点可以看作挣脱"两个转变"范式的典型代表。

学者李健也对"两个转变"范式提出了新的看法,认为马克思从《博士论文》时期直到《德法年鉴》时期,其哲学立场和政治立场的发展表现出一种相互交织、互相促进的演变路径。表现为有时政治立场的转变引起哲学立场的变化,有时哲学立场的彻底化又促进政治立场的转变。因此,列宁的"两个转变"说在一定意义下才显示出其理论价值。同时认为,在这之前还有一个政治立场上的转变,即从激进自由主义向革命民主主义的转变。此后,马克思的哲学立场就此具有二重性,开始了唯物主义因素在各个领域战胜唯心主义的过程。②他从马克思此时哲学立场的二重性与政治立场的相互关系来展开分析,跳出了传统"两个转变"的研究

---

① 孙熙国:《马克思对物质利益的最初关注和早期探索——对学界三题的辨析》,载《北京航空航天大学学报》(社会科学版)2012年第5期。
② 李健:《青年马克思思想发展"两大转变"论再认识》,载《高校理论战线》2013年第1期。

范式。

此外,学者黄学胜认为,此时马克思坚持启蒙时代以来的理性建构主义世界观,从而强调现代世界的方方面面都应在理性的法庭面前获得审判并最终被置入理性主义的合理秩序当中。这是马克思《莱茵报》时期(及此前)思想上的基本立足点,也是他看待"物质利益"问题的基本立场①。可以看出,黄老师并不认同"两个转变"说,而将马克思此时的思想与启蒙理性联系起来,认为这一转向并未实现,马克思依然坚持启蒙的理性建构主义世界观,其本质上还是理想主义的。这也是对传统研究范式的一种突破。

不难看出,近年来对于青年马克思思想的研究更多地寻求范式上的转变,不再仅仅拘泥于传统的"两个转变"研究范式,从多角度、多层面来考察青年马克思的思想发展进程。

---

① 黄学胜:《"物质利益难题":马克思怀疑启蒙的最初理论环节——从国内的一个争论开始说起》,载《西南大学学报》(社会科学版)2010年第2期。

四、焦点问题

学术界对于此时期马克思发表于《莱茵报》上的四篇文章进行了不同程度的研究,综合来看,可以分为以下六大焦点问题。

(一)物质利益难题

在《莱茵报》时期的后一阶段的研究,大多数学者关注到马克思关于"物质利益难题"的困惑,而这个"难题"之所以成为学术热点,本文认为在于两个方面原因:一是马克思本人的重视,他在回顾自己在《莱茵报》时期思想进程时的一段话,1857年马克思在写《政治经济学批判》时说:"1842—1843年间,我担任《莱茵报》主编,第一次遇到要对所谓物质利害发表意见的难事。莱茵省议会关于林木盗窃和分割地产的讨论……都初次推动我去研究经济问题。"1895年4月15日,恩格斯给P.费舍的信:"我……经常听到马克思说,正是林木盗窃法的研究和摩塞尔地区农民处境的研究促使他从纯粹的政治转向经济关系,因此也就转向社会主义。"二是对马克思此时的"物质利益观"的不同解读和定位,会影响到对《莱茵报》时期马克思的思想性质以及"两个转变"思想的整体把握。

国内外学界对马克思此时的"物质利益难题"的研究多集中在如何理解这个难题的具体内涵上。据此,可以分为以下几类观点。

梅林认为马克思所说的"难题"就是指从理论上解决现实社会中的矛盾。梅林认为马克思在《林木盗窃》中还遵循着黑格尔的法哲学和国家学说,从黑格尔的哲学前提中引申出来的理想国家来衡量普鲁士国家。认为国家是一个伟大机体,在这个机体中体现着法律的、政治的和精神的自由,而每个人在遵守国家的法律时却只遵守人的理性的自然规律,置国家理性于不顾。这个说法可以很好地处理省议会关于林木盗窃法的辩论,但在提出地产分割的时候不再适用。这里马克思和莱茵省的资产阶级都主张土地的自由分割。这也是法律观点,但法律观点不能解决问题。因为法国社会主义者很早就指出,土地的无限制分割产生着贫苦无依的无产阶级。所以,马克思想要研究这个问题,就必须说明他对社会主义的态度。出于法律手段的局限以及对社会主义了解的目的，马克思开始研究经济问题。①

与梅林的观点相似，科尔纽认为马克思此时缺乏足够的知识以及对国家还持有唯心主义的看法，因此他的着眼点不在社会经济方面，而是在政治法律方面。马克思看到，法律保护的是私有主的阶级利益，在当时的普鲁士王国法律已变为保卫私人利益的工具。可是，虽然马克思为了保护穷人的利益而反对地主，不过他还是站在黑格尔国家法的观点上，这样的批判就显得力不从心了。梅林也同样看到马克思这一切入点在解决分割地产问题上的无力，因为分割土地首先就是一个经济和社会的问题。遗憾的是，梅林只提到了马克思《林木盗窃》这篇文章，而科尔纽还关注到了马克思在《摩泽尔记者》一文相较于《林木盗窃》更进一步深入，"在这篇文章里，他又前进了一步，并且使得这个一般的公式有了更加具体的内容，指出国家的结构和组织的基础应当到现存的关系和具体的条件中去寻找"。具体到马克思当时面临的难题，科尔纽与梅林的结论也不尽相同，虽然科尔纽也认为是

---

① ［德］弗·梅林:《马克思传》，樊集译，人民出版社1985年版。

因为现实让马克思认识到用纯法律的手段来解决政治问题和社会问题是不够的,但他进一步认为《莱茵报》的经历让马克思看到,先前认为是理性的体现和历史发展的动力的国家完全没有那种理性的性质,也没有起到黑格尔认为它在历史过程中应起的那种决定作用。"这便促使马克思在批判黑格尔法哲学的基础上重新审查了自己对于国家以及国家与社会关系的理解。"①

简言之,梅林和科尔纽都认为,马克思仅仅从法律方面对当时的社会现实问题加以论证出现困难,并且在黑格尔理论体系的基础上,发现了现实中的物质利益和黑格尔体系的对立。

区别于梅林和科尔纽从法律手段的局限来解读马克思物质利益难题的内涵,苏联学者则认为马克思此时的思想要更进一步——已经理解了经济问题在生活中所起到的主导作用以及国家理性的民主本质。典型的学者代表有奥伊泽尔曼和费多谢耶夫。奥伊泽尔曼认为马克思所面临的物质利益难题,不仅仅是物质利益与国家理性道德体的矛盾,而是点

---

① [法]奥古斯特·科尔纽:《马克思恩格斯传》第1卷,刘丕坤等译,生活·读书·新知三联书店1980年版,第429、431、462页。

出了国家的本质是民主，物质利益是破坏了以民主为本质的国家理性。这是马克思在费尔巴哈的人道主义思想的影响下以新的革命民主主义的内容充实了黑格尔关于国家是理性的道德的有机体的理解，但还没有意识到国家仍然是一个阶级对另外一个阶级的统治，而马克思之所以还没有得出这个结论，正是因为缺乏经济学的知识，才将与私有制联系的私人利益即统治阶级、有产阶级的利益和国家对立起来，没有区分私有财产的现象与本质的差别。认为马克思是从法的现存体系内部来寻找农民具有捡枯枝的权利，基于法是社会全体成员共同利益的必然表现这样的逻辑，奥伊泽尔曼指出马克思的革命民主主义直接表现为保卫法、法律，马克思关于私人利益在国家中的统治地位的观点，私有财产带来的是对人民权利的破坏，这就不同于自由主义认为私有财产是普遍福利的概念。奥伊泽尔曼认为马克思深受费尔巴哈的影响，将国家理解为人的族类的理性的本质，和大部分人相对立的符合少数人利益的法案，具有反国家的性质，因此人道主义、对被压迫者和被剥削者的关怀是国家的真正的本质。奥伊泽尔曼认为马克思的物质利益难题的出现，是因为其缺乏经济学的分析,同时又是在承认黑格尔关于国家是理性、自由、道德的体现的观念,用费尔巴哈的人道主义内容来改造国家的内涵,因此物质利益难题的出现就是马克思人道主义地理解国家内核与私人利益破坏普遍权利之间的矛盾。①

费多谢耶夫主张马克思在《林木盗窃》中已经发现了主要的东西,即私有制利益同现存国家的政策之间的联系,开始意识到不仅省议会,而且整个国家都是保护私有制的。对国家制度的观点还是唯心主义的,以为它是整个社会利益的代表者。在《摩泽尔记者》中对专制制度和封建残余统治下人民贫困的原因有了更深刻的了解,提出了人民利益和普鲁士国家政策经常发生矛盾的问题。认为现存制度下,人民不能期待从政府那里得到好处。②费多谢耶夫进一步指出,正是《莱茵报》时期遇到的一些经济问题,使得马克思认识到经济问题在生活中所起到的头等作用,决定要去寻找真正改变现存

---

① [俄]奥伊泽尔曼:《马克思主义哲学的形成》,潘培新译,生活·读书·新知三联书店1964年版,第152—154页。
② [俄]彼·费多谢耶夫:《卡尔·马克思》,孙家衡等译,生活·读书·新知三联书店1980年版,第31—32页。

制度的力量，转向对经济问题的研究。

与苏联学者的研究相似，国内学者以黄楠森为代表，率先提出马克思向唯物主义转变的倾向，但有保留地来理解马克思对于客观社会关系的决定作用。他虽然并不认为马克思此时已经认识到经济关系的决定因素，指出马克思还固守唯心主义国家观，"更多的求助于法律，而不是求助于经济分析；求助于自然，而不是求助于对社会的深入剖析"。这种世界观上的矛盾冲突导致了马克思研究方向的转向①。但又认为在潜意识里马克思已经洞察到国家的实质，看到了私人利益对国家和法的不可抗拒的决定作用，并且说明这种洞察是使马克思动摇国家与法的唯心主义观点，促使他向唯物主义转变，并成为推动他不久以后去研究政治经济学的最初动因。因为它导致了哲学世界观的矛盾，表现为黑格尔哲学与社会现实的矛盾。通过对现实问题的探讨，马克思触摸到由社会利益形成的客观社会关系，对国家和法的活动起着制约作用。但是唯心主义理性国家观又使得马克思在感受到物质利益对

---

① 黄楠森主编：《马克思主义哲学史》第 1 卷，北京出版社 1991 年版，第 136 页。

国家和法的支配作用的同时另一方面又拒斥私人利益。

孙伯鍨进一步指出，此时马克思开始从经济利益出发试图阐明政治、国家和法的本质，对经济利益的分析，使马克思感到对国家、法律、伦理、道德、情感与私人利益的关系必须重新考虑，既然社会上一切现象都受着一定的利益所支配，那么要想让统治者放弃政治统治，放弃特权，就绝不是仅仅向他们进行道德说教所能解决的，这归根到底，是一个"私人利益"问题，即一个经济问题。这种认识给马克思开辟了一条新的道路。① 孙伯鍨指出在《林木盗窃》中马克思在关于林木盗窃法的辩论中终于动摇了原有哲学信念，虽然仍然站在唯心主义的立场上，从抽象理性主义的观点出发进行批判的，但他从国家理性同经济事实的严重冲突中，认识到唯心主义的社会观和国家观的缺陷。

在黄楠森以及孙伯鍨的理论指引下，之后学界的研究基本上是在这一框架内进行的。例如，吴晓明就认为马克思在《莱茵报》时期遇到了令人困惑

---

① 孙伯鍨：《马克思主义哲学史》，山西人民出版社1982年版，第52—54页。

的物质利益问题，但"并不是物质利益问题本身使马克思感到困惑和为难，因为马克思当时并未真正进入这样的问题"；使马克思痛感苦恼的是：物质利益问题向他单纯理性的世界观提出了严峻的挑战，"物质利益问题实际地、本质重要地介入到马克思先前的单纯理性的世界观之中，而且该问题的介入第一次以超出这种世界观体系的方式向单纯理性的观念提出了尖锐的挑战"。"当理性不再可能无限地吞并或彻底地消化物质利益时，二者便开始形成为一种对立；而当这种对立有可能促使理性去估量其对方时，物质利益便成为必须去重新思考和解决的问题了。"国民经济学是当时唯一发展成熟的关于物质利益本身的科学，但在转向经济研究之前，马克思更优先处理的，是厘清物质利益与理性的法之间的关系。当时摆在他面前的有两条路径，或是像青年黑格尔派那样，将物质利益排除在思辨之外，满足于二者的分裂；或是回到黑格尔，用"神"或"上帝"来统摄物质利益与理性。但马克思并没有选这二者之间的任一，相反他将矛头指向了自己一直以来的黑格尔体系的哲学世界观。换言之，物质利益难题引发了马克思的世界观危机，

"世界观危机已经严重到这种程度,除非马克思能够同他先前依靠的黑格尔哲学实现彻底的决裂,否则这个问题就是他所不能解决的"。世界观危机最初的表现形式就是"理性的法"和"私人利益"相对立的矛盾形式。①

后来的张亮同吴晓明的观点类似,张亮认为马克思开始是站在黑格尔理性主义的立场上来批判普鲁士国家的非理性现实的,但残酷的现实改变了马克思的看法。作为历史的本质和发展动力的理性根本不能使自己得到实现,这不能不使马克思对自己原先所信仰的理性主义国家观产生怀疑。但马克思不能像青年黑格尔派或者黑格尔那样,无视现实的事实来诉诸理性王国,当一向尊重现实的权威的马克思遭遇物质利益问题时,他已经隐约感觉到了现实的答案对其既有哲学信念和政治信念的彻底颠覆,而这是马克思所难以接受和承认的,这也就是马克思后来所说的物质利益的"难题"所在。在文章的最后,张亮强调"马克思这时只是在社会历史

---

① 吴晓明:《"理性的法"和"私人利益"——马克思〈莱茵报〉时期所面临的物质利益难题》,载《复旦学报》(社会科学版)1994年第5期。

领域内构成了对黑格尔唯心主义的怀疑与亚意识反动，开始走向而不是走到了唯物主义。只不过随着马克思对现实问题研究的深入进行，他原先具有的那种现实感与现实主义的研究方法更加强烈和明确罢了"①。这也是在黄楠森先生的理论框架内进行的重复。

段忠桥在2008年撰文指出，要分别分析"难事"和"疑事"。段忠桥在对《〈政治经济学批判〉序言》相关文本进行上下文分析的基础上，来阐述马克思所遇到的"难事"和"疑问"。"难事"指的是他因缺少对经济问题的研究而难以对涉及物质利益的争论和讨论发表意见，"疑问"指的是物质生活关系在社会历史中的地位和作用。这两者指的是不同的问题，前者的出现是因缺少对经济问题的研究而难以对涉及物质利益的争论和讨论发表意见，后者则是来自研究经济问题本身。在文章的最后，段先生通过分析"难事"和"疑事"得出他的结论："由于历史唯物主义的创立发端于对经济问

---

① 张亮：《在转向唯物主义和共产主义的前夜——〈莱茵报〉时期马克思哲学思想发展的再考察》，载《华中科技大学学报》（社会科学版）2006年第4期。

题的研究,因此,研究马克思创立历史唯物主义的进程不能只限于哲学领域。"① 段先生的说法无疑是将马克思的思想进程大大提前了。随后的2010年,复旦大学的黄学胜在其文章中对此次争论做了相关评价,他认为,段先生的观点不能构成反对吴晓明观点的理由,因为,说"马克思因缺乏对经济问题的研究而难以对涉及物质利益的争论和讨论发表意见",与说"物质利益对马克思当时的理性主义世界观构成挑战,而理性世界观在问题的解决方面是无能为力的",意思其实是一致的,只不过前者强调马克思当时思想中缺乏的部分,而后者则强调马克思当时思想中具有的部分;前者主要从后来的经济学维度,而后者则主要从已经具有的哲学世界观维度对此做出阐释。因此他提出自己的观点:在研究马克思的"物质利益难题"问题上,应坚持基本的思想史研究立场,即应从马克思当时所坚持的总体的世界观或思想立场角度出发,而不能以马克思后来的思想倾向解释前面的思想困境,否则就不能准确地理解马克思当时所遇到的具体问题,更不能

---

① 段忠桥:《〈莱茵报〉时期使马克思苦恼的"疑问"是什么》,载《学术研究》2008年第6期。

理解他往后的思想努力方向及其根本原因。他认为,这一问题不在于马克思缺乏对"经济事实"的首肯,而在于他顽固地坚持启蒙时代以来的理性建构主义世界观,这是其《莱茵报》时期的基本思想立场。①而黄学胜的这一思想实质与吴晓明的观点有异曲同工之处。

之后,李淑梅在文章《马克思〈莱茵报〉时期的政治哲学思想》中提出,她不同意从马克思在经济学方面的"无知"或者"世界观"的冲突的角度来说明马克思所遇到的难题。此时的"难题"是指马克思还不可能把握"私人利益"的本质属性,因为在马克思那里,出现了两种不同的"私人利益"。接下来李淑梅通过对文本的解读,观察到了马克思在《林木盗窃》与《摩泽尔记者》先后两篇文章中的思想变化。这两篇文章对物质利益的理解有明显的差别,前者尖锐地批判林木所有者的私人利益,后者又倾向于承认葡萄种植业经营者的私人利益;前者认为私人利益通过讨价还价与法律达成一致,

---

① 黄学胜:《"物质利益难题":马克思怀疑启蒙的最初理论环节——从国内的一个争论开始说起》,载《西南大学学报》(社会科学版)2010年第2期。

法律成为私人利益的奴仆，后者则强调葡萄业经营者的私人利益与官僚原则和行为的对立；前者批判私人利益是一种非理性的物欲、拜物教，后者则倾向于承认葡萄业经营者的私人利益是反映贫困现实的"市民的理性"。即使在评论摩泽尔河地区贫困问题的同一篇文章中，马克思对"物质利益"的看法也不尽一致：一方面，马克思依然坚持《林木盗窃》中的观点，认为法律和官员是自私自利的；另一方面，他又倾向于用葡萄业经营者的私人利益对抗官员的自私自利的意图，从而把官员的私人利益与葡萄业经营者的私人利益对立起来。这种矛盾致使他对私人利益的解释处于进退维谷的境地，"私人利益"好像有两张不同的面孔，令人难以把握。①李淑梅认为，马克思在考察摩泽尔河地区贫困问题时，虽然力图撇开国家理性的理论预设，考察国家的客观关系，但在说明私人利益和普遍利益的关系时，他又把普遍利益理解为"国家的普遍利益"，从而又把普遍利益同国家理性联系了起来。这又表明了李淑梅虽然试图反对学界把马克思的"难题"

---

① 李淑梅：《马克思〈莱茵报〉时期的政治哲学思想》，载《哲学研究》2009年第6期。

理解为他的国家理性与现实物质利益的冲突，但是实际上，她已经是在她所批判的这个框架内进行思考。

孙熙国在《马克思对物质利益的最初关注和早期探索——对学界三题的辨析》中指出，马克思最初关注物质利益问题不是由于在《莱茵报》时期"第一次遇到要对所谓物质利益发表意见的难事"，马克思对物质利益的感受和思考最早源于他早年的社会生活和周围环境的熏染，这是由于马克思在青少年时期遇到社会环境、家庭教育、文化启蒙以及个人独特的人文情怀与致思路径，这一时期的马克思已经在思想上实现了对黑格尔抽象理性主义的超越，马克思对物质利益和劳动群众的关注决定了他从来就不是一个传统意义上的理想主义者，也就不存在从理想主义向现实主义的转向问题。孙熙国得出的结论是，马克思此时已经是立足于物质利益和人民群众来思考社会历史问题，物质利益难题也不是因为现实与自己的理性主义国家观相违背。[1]

---

[1] 孙熙国:《马克思对物质利益的最初关注和早期探索——对学界三题的辨析》，载《北京航空航天大学学报》(社会科学版) 2012年第5期。

（二）围绕物质利益难题如何理解马克思世界观的转变

1.唯心主义立场

城塚登指出马克思在《莱茵报》时期的哲学立场依然处于黑格尔思想、青年黑格尔思想的暧昧立场，马克思对于经济生活状况的批判依然建立在国家的法观念之上，比如在国家观上，马克思还是停留在黑格尔哲学的范围内。城塚登认为，马克思在《林木盗窃》的文章中就表现出他要在现实中把国家变革为理性的东西，来克服社会的种种矛盾，进一步此时马克思的暧昧的立场是无论如何都不能帮他处理好物质利益的问题。[①] 城塚登是从马克思所应用的黑格尔式的思维方式指出马克思此时缺乏鲜明的哲学立场，因此是停留在黑格尔式的唯心主义。

孙伯鍨与之相似，也认为马克思仍然是站在唯心主义立场上来揭示私人利益，法律本应该是秉持着普遍原则与本质，结果私人利益侵害了国家和法的原则的纯洁和尊严，对理性的玷污进行抗议谴责，

---

① ［日］城塚登：《青年马克思的思想——社会主义思想的创立》，尚晶晶等译，求实出版社1988年版，第45页。

马克思要求国家根据理性和伦理的原则来干预实际立法，但国家仍然变成了林木占有者的"私人财产"，孙伯鍨强调的是马克思对于黑格尔倡导的理性国家学说的质疑，认为马克思在《摩泽尔记者》中所表现出来的从现象表面来探究动机的思维方法，促使着马克思逐渐发现历史发展的客观规律，认为究其思维方式依然是黑格尔唯心主义的立场，其后来的思维动机是促使马克思后期创作的动力，而非唯物主义的表现[①]。

总之，认为马克思此时处于唯心主义立场的理由有二：一是马克思此时的思维方式是黑格尔唯心主义的，是用理性与原则去干预实际；二是马克思此时对于"物质利益"的理解还没有经济学的根据，不能从生产力与生产关系角度去分析。

2. 唯物主义立场

多数苏联学者在列宁"两个转变"思想的影响下，认为马克思此时已经开始转向唯物主义。奥伊泽尔曼认为马克思在《莱茵报》时期体现的是从较早探究精神关系的内在规律，社会现象的法的本性，

---

① 孙伯鍨：《探索者道路的探索》，南京大学出版社2002年版，第104—106页。

转向探究法、国家和一般社会关系的客观本性问题，基于费尔巴哈人本主义的唯物主义影响下，日渐接近唯物主义，尤其体现在《莱茵报》时期的最后一篇文章《摩泽尔记者》。认为马克思批判了主观主义构想的问题，从研究官僚体系的职责入手，谈论决定管理性质和结果则揭示出管理性质与结果的客观相互制约性，奥伊泽尔曼认为，马克思已经看到社会关系对于管理性质的决定作用，但还不能得出马克思对社会生活的唯物主义理解，马克思只有从这些社会关系中区别出生产关系，才可以将其理解为唯物主义，而此时马克思的论点只局限于拿自然界的过程来做类比。

拉宾与奥伊泽尔曼的观点类似，认为《摩泽尔记者》清楚地体现出马克思向唯物主义和共产主义的明显转变，除了指出马克思揭示社会关系的客观本性是唯物主义的表现之外，拉宾也提到马克思在撰写本文所采取的具有唯物主义特征的具体社会调查的实验方法。[①] 由于拉宾侧重于从马克思当时的历史活动来分析马克思的思想特征，以具体社会调

---

① ［俄］尼·拉宾:《马克思的青年时代》，南京大学外文系译，生活·读书·新知三联书店1982年版，第94—97页。

查的实验方法据此认为马克思表现出唯物主义特征，未免有点浅见。

黄楠森从马克思哲学史的角度，进一步指出此时的马克思思想中已产生了唯物主义萌芽，即通过分析马克思所等级对立的背后是由于不同的物质利益所造成的，就蕴含着等级和利益之间关系的历史唯物主义思想的萌芽。马克思在《林木盗窃》中自觉公开鲜明地站在贫苦人的立场，看到物质利益在社会历史中的作用。[①] 黄楠森认为马克思此时的思想是矛盾的，一方面感到物质利益对国家和法的支配作用，物质利益支配着人们的思想和行动；另一方面又从黑格尔唯心主义国家观出发，把私人利益对国家和法的支配作用视为罪恶。正如奥伊泽尔曼的观点一样，黄楠森认为马克思在《摩泽尔记者》指出的社会利益形成的客观社会关系，对国家和法的活动起着制约作用，是迈向了历史唯物主义，但没有理解客观关系的经济内容，依然是一个抽象的、原则的提法。

---

① 黄楠森主编：《马克思主义哲学史》第 1 卷，北京出版社 1991 年版，第 133—140 页。

陈先达、靳辉明[1]同样指出马克思《林木盗窃》中提出的物质利益是解决普鲁士国家的现实同国家的理想化看法之间矛盾的关键，即私人利益决定着国家与法，国家的活动不能是任意的，这个结论表明马克思一只脚踏进了现实世界，另外一只脚仍然留在唯心主义的精神世界。物质利益对国家和法起着决定作用，而这个必然的结论在《摩泽尔记者》中得到进一步佐证，这里马克思向唯物主义又迈进了一步，开始探求国家制度和管理原则产生的客观关系。

如果说黄楠森与陈先达从哲学史的角度强调马克思这一时期的思想与后期唯物主义思想的传承关系，那么孙熙国从马克思站在人类存在发展需要、贫民立场、精神文化利益、明确的主体担当者这几个维度，指出马克思已经不再停留黑格尔哲学的层面，而是具有了现实的历史的内容，在思想上实现了对黑格尔抽象理性主义的超越，开始了唯物史观

---

[1] 陈先达、靳辉明：《马克思早期思想研究》，中国人民大学出版社2006年版，第62页。

的思考和建构。①

(三)共产主义观

1. 马克思的共产主义观

既然要论述马克思的共产主义观,就要首先对"共产主义"这个概念进行说明,将共产主义和社会主义概念进行区别,以便读者的理解更清晰明确。这两个词起源于欧洲,把"社会主义"和"共产主义"二词作为未来取代资本主义的理想社会的名称,起源于19世纪20—30年代英、法两国的空想社会主义者和空想共产主义者。具体说来,"社会主义"要早于"共产主义"。"社会主义"最早起源于欧文主义期刊《合作杂志》,意指"社会的,集体的",含义较为宽泛。"共产主义"是在几年后的法国工人秘密团体中开始出现的,意为公共、财产公有。到了1840年左右,"共产主义"一词在广泛传播,表达了无产阶级对资本主义的否定。由此可见,"社会主义"主要在社会中上层、在知识界流行较多,"共产主义"主要在社会下层、在工人

---

① 孙熙国:《马克思对物质利益的最初关注和早期探索——对学界三题的辨析》,载《北京航空航天大学学报》(社会科学版)2012年第5期。

中传播更广。恩格斯说:"可见,在1847年,社会主义是中等阶级的运动,而共产主义则是工人阶级的运动。"①

马克思最初接触共产主义思想始于1842年。《奥格斯堡〈总汇报〉》(《莱茵报》的论敌)以《莱茵报》刊登赫斯关于宣传有关共产主义文章为口实,对《莱茵报》进行非难,认为《莱茵报》"是普鲁士的共产主义者,虽然不是真正的共产主义者,但毕竟是一位向共产主义虚幻地卖弄风情和柏拉图式地频送秋波的人物。"②作为报刊的主编,马克思写了《总汇报》一文,表明了自己当时对共产主义思想所持的态度。一方面,马克思此时认为共产主义应该讨论,虽不完全赞同,至少持保留态度,"对于德国的共产主义的意向,我们也没有任何反对意见"。③在《总汇报》一文中,马克思认为共产主义在欧洲具有重要意义,对于共产主义思想,"决不能根据肤浅的、片刻的想像去批判,只有在

---

① 《马克思恩格斯选集》第1卷,人民出版社1995年版,第257页。
② 《马克思恩格斯选集》第1卷,人民出版社1995年版,第291页。
③ 《马克思恩格斯选集》第1卷,人民出版社1995年版,第298页。

长期持续的、深入的研究之后才能加以批判"①。另一方面,马克思此时对欧洲共产主义(空想共产主义)的现实性采取批判的态度,他此时不完全赞同当时盛行的共产主义理论,认为共产主义理论没有现实性,不可能实现。"《莱茵报》不承认现有形式的共产主义思想具有理论上的现实性,因此,更不会期望在实际上去实现它,甚至根本不认为这种实现是可能的事情。"②但是有一点需要指出,马克思同时也提到共产主义者提到的问题确实是存在的,只不过他们的解决方式马克思是不赞同的。相比之下,这一时期马克思对普鲁东、傅立叶等人的社会主义思想认可度较高。为什么会出现这个原因呢?

马克思有着自己的理由,"在善良的'前进'愿望大大超过实际知识的当时,在《莱茵报》上可以听到法国社会主义和共产主义的带着微弱哲学色彩的回声。我曾表示反对这种肤浅的言论,但是同时在和《奥格斯堡〈总汇报〉》的一次争论中坦率承认,我以往的研究还不容许对法兰西思潮的内容本身妄加评判"。可以归结为两点,一是在当时的德

---

① 《马克思恩格斯选集》第 1 卷,人民出版社 1995 年版,第 8 页。
② 《马克思恩格斯选集》第 1 卷,人民出版社 1995 年版,第 295 页。

国传播的共产主义是愿望超过实际的"肤浅的言论";二是马克思当时对英法的共产主义研究不多,换言之,他并不了解共产主义,就更谈不上信仰共产主义。后来学者对这一问题的理解基本不超出这一框架,比如费多谢耶夫,他认为马克思批判了当时流行的各种互相模仿的空想社会主义学说,因为它们明显地表现出教条主义,竭力向世界揭示绝对真理,表现为马克思所说的"肤浅的言论",而对于共产主义理论的不了解使得马克思需要"顽强地、深入地研究现实中的矛盾,以便寻找解决这些矛盾的方法"①。奥伊泽尔曼则是将"肤浅的言论"理解为柏林自由人和他们用大喊大叫的假革命手法顺便讨论共产主义问题的浅薄企图,并要求更认真地来讨论共产主义的问题。②

2. 如何理解马克思政治立场的转变

笔者认为,如果要对马克思此时的共产主义观进行细致考察,一个绕不开的问题便是马克思此时

---

① [俄]彼·费多谢耶夫:《卡尔·马克思》,孙家衡等译,生活·读书·新知三联书店1980年版,第30页。
② [俄]奥伊泽尔曼:《马克思主义哲学的形成》,潘培新译,生活·读书·新知三联书店1964年版,第123页。

的政治立场是什么？是不是革命民主主义者？是何种程度的民主主义者？国内外学者对这一问题的解读差异较为明显。

国外学者普遍认为马克思此时并没有坚定"无产阶级"这一立场，而只是开始背离黑格尔法哲学的理性立场。比如，日本学者城塚登认为，虽然马克思对共产主义的评价趋于保守，但是马克思本人必须对这一问题进行彻底的根本的批判。而随着对社会现实的研究，马克思意识到，要对共产主义进行深入批判，就要"对自己的立场进行彻底的批判"①。马克思之前是什么立场？是黑格尔法哲学的思想，"换句话说，他想在现实中把国家变革为理性的东西，以此来克服社会的种种矛盾"②。但是，马克思的立场此时要转向何方？城塚登并没有进行明确说明，他只是提出马克思想要解决症结，就要"对自己的立场进行彻底的批判"以及"需要详细地研究经济问题"。在城塚登那里，马克思此时没有对无产阶级有过多的具体研究，而只是笼统地去研究"人"与"国家"的关系。

---

①② ［日］城塚登：《青年马克思的思想——社会主义思想的创立》，尚晶晶等译，求实出版社1988年版，第45页。

洛克摩尔则分析了马克思对共产主义不了解的表现，他认为马克思当时从立场上已经开始为贫困群众而斗争，确认贫困是一个社会问题，而不仅仅是政治问题；但是他没有把无产者看作一个新的社会阶级，而只是糟糕的经济组织的无辜的牺牲品。

国内学者对这个问题的研究则是在黄楠森、孙伯鍨、熊子云的思想体系下进行，认为马克思此时的立场已基本转移到无产阶级上来。黄楠森认为，"马克思对一无所有等级夺取私有财产的肯定，表明他已从为贫苦群众辩护开始转为无产阶级立场。他不赞同当时流行的种种空想社会主义、共产主义学说……这是马克思对共产主义态度的初次表达，也是他研究共产主义的开端"。与之相似，熊子云特别阐释了马克思此时对共产主义有所保留的态度，并进一步认为：马克思虽谈不上对空想的、平均的共产主义思潮的超越，但他已经提出了深入系统地研究共产主义理论的课题，并且马克思已把共产主义问题同工人运动密切联系在一起。[①]简言之，马克思此时已经站在维护无产阶级的立场上，对共

---

① 熊子云：《马克思主义形成史》，北京师范学院出版社1987年版，第3页。

产主义的态度虽不是完全反对但还是有所保留，因此此时的马克思是一个革命民主主义者，但还没有转向共产主义。

王怀超率先在《马克思是怎样从革命民主主义者转变为共产主义者的？》一文中提出马克思此时是彻底的革命民主主义者这一观点，并且给出了三个理由："一是彻底地不妥协地反对封建专制的政治立场；二是有着对人民高度负责的精神和为人类幸福而献身的高尚情操；三是对广大劳动群众寄于深刻的同情，坚决地站在劳动人民的立场上公开捍卫劳动人民的利益。"[1] 在这一基础上，马克思此时已经出现了向共产主义转变的萌芽，他同样给出了三个理由："一是把共产主义问题同改造德国社会相提并论，提出寻求改造德国社会的途径；二是郑重对待共产主义，提出对共产主义进行'理论论证'的任务，由此开始了对共产主义的学习和研究；三是不仅公开声明为无财产群众的利益而斗争，而且使用了'一无所有等级'的概念，开始注

---

[1] 王怀超：《马克思是怎样从革命民主主义者转变为共产主义者的？》，载《广西大学学报》（社会科学版）1984年第2期。

意到他们的利益和要求。"① 王怀超从马克思此时站在劳动人民的立场上来说明他革命民主主义思想的彻底性；从将共产主义与解决德国现实问题的角度来说明他产生共产主义思想的萌芽；并且正是马克思的政治立场的变化促使他接下来整个哲学思想的转变。

周敦耀对这一思想进行了新的补充。他在文章《马克思的国家思想的起点及其必然趋向——马克思在〈莱茵报〉时期的国家思想探索》中指出，"《摩塞尔记者的辩护》是马克思在《莱茵报》上最后的，也是革命民主主义表露得最鲜明的一组文章"，因为"在这组文章中，马克思揭露了普鲁士当局对摩塞尔河沿岸地区葡萄酒酿造者的贫困状况漠不关心的官僚态度，指出官僚制是普鲁士国家制度和行政组织的基础"。另外"在《关于林木盗窃法的辩论》中，马克思把'贫苦阶级'纳入了政治结构和国家结构中……论说了'贫苦阶级'的权利的肯定

---

① 王怀超：《马克思是怎样从革命民主主义者转变为共产主义者的?》，载《广西大学学报》(社会科学版) 1984 年第 2 期。

性和合法性"①。这也就说明了民主思想的彻底性。周敦耀是从马克思对普鲁士官僚制度的批判②和人民主权思想③这两个角度对马克思的革命民主主义思想进行剖析。相比于王怀超的观点,他的观点更加温和保守。与之相似,曾行伟也是根据马克思的这两篇文章从对官僚制度的批判和维护一无所有等级的利益来说明马克思的民主主义思想,不过他又提出了和王怀超相似的观点:马克思此时的政治思想的转变更为重要。他给出的理由是,正是因为对劳苦大众利益的辩护,使马克思看到了社会中不以当事人的主观愿望为转移的客观本性,促使马克思重新思考市民社会与国家的关系,为接下来的思想转变奠定基础。

接下来的学者对这个问题基本上就是沿着这些思路进行,没有太多的思想创新,如李红波的《马

---

① 周敦耀:《马克思的国家思想的起点及其必然趋向——马克思在〈莱茵报〉时期的国家思想探索》,载《广西大学学报》(哲学社会科学版)1988年第2期。

② 马克思并没有将官僚问题归罪于个别官员的恶意,而是整个普鲁士国家机器的功能所致。

③ 马克思的人民主权思想是区别于黑格尔的贱民理论和基佐的等级智力论,批判他们把人民排斥于国家之外,因此可以说马克思给人民主权的思想增添了新的因素。

克思反对封建"政治暴政"的思想探析——兼谈马克思〈莱茵报〉时期的自由观》、张亮的《在转向唯物主义和共产主义的前夜——〈莱茵报〉时期马克思哲学思想发展的再考察》等,在此不再赘述。

通过对物质利益难题和对共产主义态度这两个方面的分析,可以得出国内多数学者基本上是从列宁提出的"两个转变"的意义上对这一时期的文本进行解读,即普遍认为马克思研究现实问题的过程中,已经开始逐步从唯心主义向唯物主义转变,从革命民主主义向共产主义转变。虽然对马克思实现思想转变的原因、"两个转变"之间的先后等一些具体问题上,不同学者的解读略有不同,但是整体上还是没有超出基本的结论。

(四)政治哲学

对于此时期马克思的政治哲学,也一直是学术界所研究的热点问题,大致来看,可以分为对此时期马克思自由观的研究、国家观的研究、正义观的研究。

1.自由观

关于马克思此时的自由观,首先可以从马克思对自由主义的态度来考察。学者张守奎认为通过

《林木盗窃》一文可以看出，尽管马克思批评自由主义但他并没有抛弃自由主义的核心理念，他仅仅认为自由主义在当时德国的实施中出现了问题，这是实践的问题而非理念本身的问题。马克思仍然坚信可以以自由主义和启蒙主义倡导的核心理念作为规范性基础去批判现实，从而达到克服社会中种种矛盾，实现个人真正自由的目的。① 学者黄建都认为马克思在继承自由主义原则基础上提出了自己的自由观，也就是马克思继承了自由主义传统。他认为马克思通过对自由的关注、对平等的继承，比自由主义更深刻地把握到自由丧失的根源问题及其解路。②

张守奎与黄建都的观点都有一个共同点，那就是都认为马克思对自由主义理念本身有所继承。张守奎认为马克思并没有抛弃自由主义，而是对普鲁士政府所实施的虚假自由主义进行批判，仍然将自由主义与启蒙主义作为救世之良药。而黄建都则认

---

① 张守奎:《〈莱茵报〉时期之前的马克思与自由主义传统》，载《江苏社会科学》2013 年第 3 期。
② 黄建都:《马克思哲学对自由主义的继承和超越——以〈莱茵报〉—〈德法年鉴〉时期著述为中心的考察》，载《南华大学学报》(社会科学版) 2015 年第 4 期。

为马克思批判地继承了传统自由主义，进而形成了自己的自由观，从而对社会的弊病有了更本质的把握。这两种观点有其合理性，但并没有抓住此时马克思思想中更本质的变化。

学者杨文圣认为，马克思认为自由是法律的第一原理，只有在人类自由本质的充分实现中，法律才有其合理性。这实际上是马克思自由理性思想在分析法律本质时的深入表达。法律本应体现人民的自由本质、普遍利益，但残酷的现实对马克思的自由理性造成了剧烈的冲击，使其思想内部发生了激烈的动摇。所以，笔者认为，《莱茵报》时期马克思的思想经历了从对自我意识的追寻到对人类自由本性的高扬、从抽象的哲学沉思到社会问题的具体考察的转变过程。[①] 杨文圣从物质现实对马克思自由理性思想的冲击着手，分析了马克思此时的思想变化，其重点在于剖析了马克思的自由理性思想。

学者李红波也探讨了此时期马克思的自由观。他认为，马克思在《莱茵报》时期发表的文章，集中地体现了马克思反对"政治暴政"的思想基础和

---

① 杨文圣：《论马克思〈莱茵报〉时期的自由观》，载《前沿》2012年第18期。

民主主义立场,强调精神自由和政治自由是其主要的思想特征。所谓"政治暴政",他认为主要是指当时德国的封建专制制度。由于马克思的自由倾向和革命民主主义立场,使得由马克思主编的《莱茵报》也越来越表现出反对"政治暴政"的民主主义倾向。[①]这里,作者指出马克思对精神自由和政治自由的强调是其主要思想特征,这种自由是针对"政治暴政"的一种反抗。

学者王力认为,《莱茵报》时期,马克思以普鲁士国家法的逻辑为对象,在批判书报检查制度、林木盗窃法等现实的法令中,阐发他的以自由制衡自由的法哲学思想,他认为自由是法之魂,等级是自由的敌人。马克思在《林木盗窃》中提出,等级是自由的大敌,人们获得现实的自由权利是不对等的,正是这种不对等导致一部分人在行使自由时侵害了他人的自由。马克思认为作为人民圣经的法典是自由法典,而不是那些维护少数私人利益的法律。马克思通过对法的批判表达了对贫苦人民的同

---

① 李红波:《马克思反对封建"政治暴政"的思想探析——兼谈马克思〈莱茵报〉时期的自由观》,载《经济与社会发展》2005年第12期。

情和支持，力图通过维护法律的尊严保障平民的权力。① 作者提出了马克思自由制衡自由的思想，作为其自由观的核心，此说有一定合理性。

马克思此时的自由观，是基于理性的法之下的自由观。在马克思看来，真正的法呼唤自由、呼吁平等，而普鲁士的现实却背离了这种法律的自由精神。无论是《林木盗窃》中冠冕堂皇的贵族，还是《摩泽尔记者》中自说自话的管理机构，抑或是《等级委员会》中形同虚设的地产条款，这一切都站在了自由的对立面。在马克思的眼中，自由是人民的自由，这种自由是真正的法律所赋予的。马克思处处站在贫苦人民的立场之上，以理性法的自由为武器，对普鲁士现实的法提出了尖锐的批判。所以，我们认为，马克思此时的自由观是其立论的武器与依据。马克思正是基于此来解决物质利益难题的。

2. 国家观

在自由观之外，对于马克思此时国家观的研究也引起了学者们的兴趣。

---

① 王力:《〈莱茵报〉时期马克思的自由思想深层探析》，载《学术论坛》2011年第3期。

学界的主流观点基本上认为马克思此时的国家观是黑格尔式的理性国家观。比如学者周敦耀认为，马克思对黑格尔国家制度的研究与批判，是在同普鲁士的封建专制国家的斗争中进行的。随着斗争的展开和深入，马克思的国家观也随之发展和变化，从以黑格尔的国家观为武器到怀疑这一武器。马克思认为，国家的权力应该从国家本身的实质，即人类关系的理性或自由理性中引申出来，因此，人们服从国家权力即是服从人类理性的自然规律。[1]在这里，作者认为马克思国家观的核心在于国家权力就代表着人类理性。换句话说，国家就是理性的化身。但是，现实却不是如此，作者指出，通过《林木盗窃》，马克思看到了立法权成了保护私人利益的工具，同时私人利益正在把国家变为它的工具。通过《摩塞尔记者》，马克思指出官僚制是普鲁士国家制度和行政组织的基础。确实如此，与代表人类理性的真正国家相比，普鲁士的现实是令人失望的，官僚制的稳固、私人利益的泛滥都令理性

---

[1] 周敦耀：《马克思的国家思想的起点及其必然趋向——马克思在〈莱茵报〉时期的国家思想探索》，载《广西大学学报》（哲学社会科学版）1988年第1期。

在普鲁士渐渐崩坏。

与这一观点相类似，学者孙燕认为，青年马克思的国家观经历了从理性国家观到国家批判理论的转变过程。在《莱茵报》时期，由于深受黑格尔国家哲学思想的影响，马克思最初的国家观基本上是黑格尔国家哲学思想的翻版。主要内容是赞美理性精神，认为国家只不过是理性精神的体现，国家即使死亡也是因为与国家观念发生了矛盾。[①] 在作者看来，这一时期马克思对国家的态度总体上来看是非批判性的，仍然是理性国家观。应该说，孙燕的观点与周敦耀的观点相类似，代表了学界的主流观点，认为此时马克思的国家观就是理性的国家观，国家就是理性的现实体现。

学者代建鹏、杨兴林从马克思论述国家时的视角入手，对马克思此时的国家观进行了视角分析。他们认为，这一时期，马克思在论述国家时主要有三种视角：第一种是个人视角，这是马克思论述国家的主要视角，同时，"国家—个人"是马克思国家观的基本框架；第二种是物质利益，这是马克思

[①] 孙燕：《青年马克思的国家观探析》，载《理论探索》2009年第2期。

论述国家的另一重要视角;第三种是个人与利益视角,这种视角更多的是在理论的层面,市民社会构成了政治国家的实际对立面。[1]作者并没有明确指出马克思此时国家观的理论内核,只是从视角层面进行了层次的分析。

学者李淑梅认为,在《林木盗窃》中,马克思是沿着两个不同的路径探讨的:一种是从经验事实出发的进路;另一种是基于国家理性的进路。并指出马克思把消除等级制作为国家理性压倒私人利益的途径。在《摩泽尔记者》中,马克思试图采取客观分析的方法,揭示国家的客观本性、客观关系,这同他发现了国家理性与私人利益的逻辑断裂有关。[2]作者围绕马克思此时的国家理性展开了分析,聚焦于国家理性与私人利益的关系,具有独到的见解。

有别于对马克思此时期国家观的传统解读,学者刘军认为,"市民社会决定国家"是马克思政治

---

[1] 代建鹏、杨兴林:《宗教、理性与国家:马克思〈莱茵报〉时期思想的三个关键词》,载《重庆师范大学学报》(哲学社会科学版)2012年第2期。

[2] 李淑梅:《马克思〈莱茵报〉时期的政治哲学思想》,载《哲学研究》2009年第6期。

哲学思想的核心命题,而这一命题的提出就是《莱茵报》时期。这一时期,马克思的政治哲学思想总体上带有浓厚的黑格尔主义色彩。一方面,马克思吸收了黑格尔《法哲学原理》中的"理性法"思想,把法律看成正义和理性的化身,认为国家应超越各等级的特殊利益,以实现普遍的理性;但另一方面,政治斗争和社会生活的现实,又使他对黑格尔的理性国家观产生怀疑。因而,他此时的思想呈现出新旧观点的相互交织、冲突的情形。从大量的经验事实中,马克思看到,现实中的国家从来没有成为黑格尔所说的普遍利益的代表者,相反却处处成为私人利益的工具。如此看来,物质利益与国家之间,是前者决定后者,而不是后者决定前者。不是国家决定市民社会,而是市民社会决定国家。①作者指出了马克思政治哲学的核心命题:市民社会决定国家,这是马克思经过理性国家与现实国家的冲突与碰撞之后得出的结论。这也可以看作此时期马克思国家观的最新发展。

回归文本可以发现,马克思此时的国家观仍然

---

① 刘军:《"市民社会决定国家"命题的提出与确立》,载《北京大学学报》(哲学社会科学版)2014年第2期。

是一种理性的国家观,但同时却受到了来自现实难题的冲击,使得马克思不得不反思这种黑格尔式的理性国家观。比如,在《摩泽尔记者》一文中,马克思指出:"人们在研究国家状况时很容易走入歧途,即忽视各种关系的客观本性,而用当事人的意志来解释一切。但是存在着这样一些关系,这些关系既决定私人的行动,也决定个别行政当局的行动,而且就像呼吸的方式一样不以他们为转移"。[①]马克思所谓的"各种关系的客观本性"特指的是国家中的关系,更确切地说是理性国家所应当具有的各种关系,它决定着国家中的一切个人,以及国家的权力机关。这种关系具体就是国家理性与法。这是这一时期马克思国家观的核心思想,但现实的冲击确令马克思变得更加疑惑,从对林木盗窃的立法,到贵族代表制的确立,再到摩泽尔居民的痛苦。正是这种现实迫使马克思反思其一直坚信不疑的理性国家观,从而使他在卸下《莱茵报》总编的职位后退回了书斋,开始向黑格尔的法哲学发起了批判。

---

① 《马克思恩格斯全集》第1卷,人民出版社1956年版,第363页。

3.正义观

对于马克思此时期正义观的研究,这里仅举几例。

王倩从正义观的角度来看待马克思此时的思想品格,指出马克思此时思想中自由、平等的正义思想,认为马克思的自由观是一种建立在人的本质基础上的精神自由,对平等的追寻则是直接站在劳苦大众的立场上追求公民的权利平等。自《莱茵报》起马克思开始以一个革命民主主义者的身份投入现实的政治斗争中,直接表达了其对正义的追求。①作者考察了马克思正义观中的自由、平等思想,并指出了自由与平等的理论内涵,比较概括地阐述了马克思此时的正义观。

尹玮煜认为,在《莱茵报》时期,马克思逐步由政治、法律批判转向对资本主义制度的批判,其正义理论也由一般的正义论转变为制度正义论,并在此基础上创立了历史唯物主义。其中,在《林木盗窃》一文中,马克思从底层人民利益出发,通过对法的批判来为穷苦阶层辩护,形成了针对不公法

---

① 王倩:《马克思早期正义思想的萌芽与发展——从〈博士论文〉到〈莱茵报〉》,载《社会主义研究》2012年第5期。

律的正义观,这为后来实现制度批判,走向制度正义理论奠定了基础。此时,马克思的正义观可以概括为从底层人民所处的状态出发,批判法的不公正性,只要有公正的法律,底层人民的生活状态就可以得到改善,而理性的国家是可以实现法律的公正的。但是,马克思必须弄明白在物质利益问题上,是否隐藏着社会制度的不合理性、腐朽性,这才是马克思所遇到的"物质利益难题"的疑难之处。在之后的《摩泽尔记者》一文中,马克思更为明确地发现了政治关系背后复杂经济关系的重要性。这一时期也是马克思新正义理论逐步建立的过程,马克思由从理性国家出发批判不公正的法律转变为对资本主义制度的批判。[1]作者提出马克思从一般正义论向制度正义论转变的过程,并立足《林木盗窃》与《摩泽尔记者》的文本,分析了马克思是如何完成这一正义论转变的。

此外,也有学者从马克思政治伦理思想的层面来探讨其正义观。

学者陶艳华认为,对人类的热爱与关注,尤其

---

[1] 尹玮煜:《从"物质利益难题"看马克思的正义观》,载《学校党建与思想教育》2013年第3期。

是对社会下层民众的深切同情,是马克思政治思想中一以贯之的理论情怀,也是马克思政治伦理思想的理论原动力。通过《林木盗窃》一文与《摩塞尔记者》一文,可以看出马克思政治伦理思想的推进路径。马克思由关注贫困的下层民众,进而为改善贫苦人群的生活状况进行法律的论证和道德的呼吁,再到对造成贫苦原因的政治管理原则的追问,这一步步的推进所体现的是对现实的伦理关怀,并将这种伦理关怀归结到法律和国家管理原则的层面。同时,马克思对下层贫困人民的道德同情和道义支持,也是其政治伦理思想的出发点和理论动力,而哲学干预现实政治的主张正是马克思政治伦理思想的理论基础。[1] 作者将视点聚焦于马克思的政治伦理思想,通过马克思对现实关注的一步步深入展现了马克思的政治伦理思想,具有一定的说服力。只是此时马克思的政治伦理思想还应当是以黑格尔式的理性国家为基本前提的,这一点作者并没有明确指出,而是强调了马克思政治伦理思想中的人民性。

---

[1] 陶艳华:《马克思〈莱茵报〉时期的政治伦理思想》,载《河北学刊》2009年第1期。

对于马克思此时期的正义观，确实存在着一个逐渐深化的过程。《林木盗窃》中，马克思站在捡拾枯木的底层人民立场上，呼吁权利的平等以及法律的公正；《等级委员会》中，马克思揭露了等级代表制的虚伪，倡议建立政治平等的人民代表制；《摩泽尔记者》中，马克思从客观关系本质出发，分析了管理者与被管理者的矛盾冲突，实际上看到了国家理性与人民理性的不可调和性。马克思从现象逐步走向制度，又深入本质，看到了问题的要害之处。层层的深化丰富了马克思的正义观，也使其正义观从感情层面深入制度层面与理论层面。

（五）宗教观与伦理观

关于马克思此时的宗教观与伦理观，虽然在马克思的思想中只占有很少的比重，但依然有学者将研究视点置于此时马克思的宗教观与伦理观。

比如，学者牛苏林认为，对天国的批判转向对尘世的批判，是青年马克思宗教观实现唯物主义转变的一个重要契机。他认为，青年马克思对宗教的批判，是为了更有力地鞭挞现实世界中的封建专制主义和宗教辩护。通过对这些社会世俗问题日益深入的研究，马克思开始把视野从宗教和政治转向物质利益和社会经济关系,从而推动他的世界观向唯物主义转化。随着世界观的转化,马克思早期宗教观中的唯物主义因素也开始萌芽。《林木盗窃》一文就清楚地显示出马克思对宗教的唯物主义态度,指出了宗教崇拜的世俗内容及其对物质利益的依赖关系。[1] 作者论述了马克思宗教观的唯物主义转变,并以《林木盗窃》一文为例来说明这种宗教观的唯物主义转变。这种观点还是很有道理的,并且可以与后来马克思在《〈黑格尔法哲学批判〉导言》的宗教观联结起来,勾勒出马克思宗教观转变的完整路径。

此外,代建鹏、杨兴林认为,宗教、理性与国家是《莱茵报》时期马克思观察世界的三个基本视轴,构成了马克思《莱茵报》时期思想的主体框架。其中,宗教是超验性的,理性是先验性的,国家则是经验性的,三者的共存使得马克思此时的思想陷入困境与危机。对于其中的宗教观,作者认为,通观《莱茵报》时期的文本,马克思主要是从宗教与人性以及宗教与哲学两方面来理解宗教的。

---

[1] 牛苏林:《对天国的批判转向对尘世的批判——论马克思〈莱茵报〉时期的宗教观及其思想特质》,载《中州学刊》1992年第1期。

宗教反对人性与哲学从侧面表明了马克思对人性与哲学的推崇，而人性与哲学也有密切的联系，二者的统一就是自我意识，确切地说就是意识到的理性。因此，在马克思看来，在很大程度上宗教就是非理性的代名词或表征，批判宗教就是批判非理性。① 在作者看来，马克思对宗教的批判就是对非理性的批判，而马克思此时的宗教观就是批判宗教、推崇人性与哲学。这种说法有些过于武断，宗教与非理性之间是否可以画等号还值得商榷。另外，作者认为人性与哲学的统一就是自我意识的观点也需要推敲。

除了宗教观，马克思此时的伦理观也有学者进行了研究。比如学者李宗迎从社会贫困问题入手，来探寻此时马克思的伦理观。他认为，此时马克思在社会贫困根源的分析中，阐述了许多经济伦理和制度伦理思想。马克思从理性主义的法哲学出发，把社会贫困问题归因于不合理的制度安排，从而开辟了对经济问题进行制度伦理分析的路径。在《林

---

① 代建鹏、杨兴林：《宗教、理性与国家：马克思〈莱茵报〉时期思想的三个关键词》，载《重庆师范大学学报》(哲学社会科学版) 2012 年第 2 期。

木盗窃》一文中,马克思将社会贫困问题归因于立法的贫困。在《摩泽尔记者》一文中,马克思将经济伦理批判的矛头再次指向当时的封建生产关系和普鲁士专制制度,将社会贫困问题归因于行政治理的贫困。与此同时,青年马克思还首次把等级特权关系看作经济剥削关系和社会贫困的根源。[①]作者论述了马克思此时的经济伦理与制度伦理思想,并结合具体文本考察经济伦理与制度伦理的相互关系,具有一定的启发性。

无论是宗教观还是伦理观,在马克思这一时期的思想构成中都只占极少一部分,在文本中也鲜有明确的表述,但是综合考察此时期马克思所发表的文章,还是能对马克思的宗教观与伦理观做出一个大致的把握。

(六)人民代表权思想

纵观学者们的研究热点,大都集中在《林木盗窃》《总汇报》与《摩泽尔记者》三篇文章上,而对《等级委员会》一文却少有提及。在《等级委员会》一文中,马克思提出了"人民代表权"的思想,这

---

① 李宗迎:《关于社会贫困问题的伦理分析——探寻马克思〈莱茵报〉时期的伦理思想》,载《学理论》2014年第4期。

篇文章也蕴含着两个马克思之间的斗争,即大喊着"理性国家"的马克思与高举着"人民利益"的马克思。所以,对这一时期马克思思想的研究不能绕过马克思的人民代表权思想。

1. 学界的研究

学界对于此时期马克思人民代表权思想的研究少之又少。比如,学者周敦耀指出,人民主权思想是马克思革命民主主义的一个重要组成部分。在《林木盗窃》中,马克思把"贫苦阶级"纳入了政治结构和国家结构中,第一次批判了黑格尔把人民排斥于国家生活之外的"贱民"理论,论说了"贫苦阶级"权利的肯定性和合法性。《等级委员会》一文,马克思以参加报刊讨论的形式,揭露了立宪制度的虚伪性,对人民代表制进行了具体的论述,人民主权思想有了更为具体的规定。作者指出,首先,马克思揭露了普鲁士政府企图建立的全国等级代表议会是虚伪的,君主立宪是行不通的。等级议会把等级做固定划分,排斥其他等级和人民,议会就不是一个赋有代表国家普遍利益的主权的人民代表机关。其次,马克思在揭露了等级代表制的虚构和早已丧失意义的基础上,提出了建立真正人民代表制的主张。在这种人民代表制中,国家是人民自己的产物。这种人民代表制是"人民自身的代表权"。关于人民主权的思想表明了马克思坚决维护人民利益,特别是穷苦阶级利益的彻底的革命民主主义立场。① 作者基于文本,比较细致地分析了马克思的人民主权思想,并指出了马克思人民代表制的思想,在学术界具有一定的分量。

除了周敦耀,学者彭五堂指出,马克思阐述了等级制度形成的根源。马克思认为,等级制度的根源不能从国家的必然性中去寻找,不能把等级制度看作国家的需要,而应把它看作同国家相对立的特殊利益的需要,决定社会等级的是社会不同阶层的特殊利益,而不是所谓代表普遍利益的国家。马克思已经认识到现实的政治制度只能是现实利益关系的反映,对政治法律制度的分析必须挖掘其背后的利益关系。② 这里,作者指出了政治制度反映利益关系的思想,比较深刻地挖掘了马克思人民代表权

---

① 周敦耀:《马克思的国家思想的起点及其必然趋向——马克思在〈莱茵报〉时期的国家思想探索》,载《广西大学学报》(哲学社会科学版)1988年第1期。
② 彭五堂:《论马克思所有制理论的萌发》,载《马克思主义研究》2011年第8期。

思想的实质。

2.文本解读

回归文本,我们来考察一下马克思此时的人民代表权思想。如果说在《林木盗窃》一文中,马克思还只是笼统地呼吁实现贫苦人民的"习惯权利",那么在《等级委员会》一文中,马克思则详细地论述了其人民代表权理论。

1842年6月,根据普鲁士国王的命令,等级委员会在各省相继成立,并于10月和11月第一次在柏林召开会议。泰·亨·冯·罗霍提供给《总汇报》发表的《论普鲁士的等级委员会的组成》一文,实际上属于为普鲁士官方辩护的文章。而马克思于《莱茵报》上发表的《等级委员会》一文,就是针对罗霍的文章而作,即批评了罗霍那篇虚假的文章,也将矛头直指等级委员会这一制度本身。马克思在批判普鲁士贵族等级议会的基础上,阐述了自己的人民代表权理论,可以分为以下四部分。

(1)人民代表权的条件。马克思人民代表权理论的基础是人民代表权的条件。按照当时普鲁士对等级委员会的规定,地产应当是规定是否具有代表权的一般条件。应当注意,地产却不是享有等级代表权的唯一条件。地产是代表等级的一般条件，不是唯一条件。

等级代表权还受到一些附加条件的规定，比如"连续十年占有土地；隶属于某个基督教会；占有以往直接属于王室的土地——属第一等级；占有帝国骑士领地——属第二等级；在市议会任职或从事某种市民职业——属城市等级；以独立经营自有土地为其主要职业——属第四等级"[①]。针对这些附加条件，马克思明确指出，"这些条件决不是从地产的本质中产生出来的条件，而是从与地产无关的考虑出发，给它加上一些不相干的界线的条件，这些条件限制了地产的本质，而不是使它的本质普遍化"[②]。这就说明了这些附加条件并不是从地产这一因素中生发而出的，而是带有其他无关的因素。比如对血统的限定、对宗教教会的限定、对隶属等级的限定等，这些条件都与现实的地产无关。正是这些无关的条件使地产这一条件受到了限制，将地产条件的使用范围一步步缩减，也就没有使地产的本质普遍化。所以，决定等级代表权的与其说是地

---

①② 《马克思恩格斯全集》第1卷，人民出版社2002年版，第331页。

产，不如说是这些无关的附加条件。

反观这些附加条件，几乎每一项附加条件都与等级有关。所以，我们可以说，等级差别成为限制地产因素的重要条件，也成了决定代表权的首要条件。这样一来，等级差别就消解了地产因素，代表权也成了特权阶层的专属权利，把地产这一一般条件置于无足轻重的地位。代表权完全被权贵等级所绑架。

在这种情况下，地产这个一般条件就与被权贵等级所绑架的代表制产生了矛盾。马克思指出："一个只是构成农民等级的本质的条件，在彻底实行等级原则的情况下，不可能成为其他根本不依赖地产而存在的等级的代表制的一般前提。等级代表制只能由等级之间的本质差别，而不能由任何与这种本质无关的东西来决定。"[①] 也就是说，地产作为等级划分的本质差别，不应当被其他附加条件所消解。否则，作为代表权依据的地产则形同虚设，只能让位于其他与地产无关的附加条件。如此一来，只拥有地产的农民将彻底被排除于等级委员会之

---

① 《马克思恩格斯全集》第1卷，人民出版社2002年版，第332页。

外，真正的代表制则不可能实现。

所以，在此时的马克思看来，人民代表权的一般条件应该是地产，而不是与地产无关的等级差别。

（2）人民代表制的组成。明确了代表权的条件，就要考察人民代表制的组成。

在《等级委员会》文中，讲到了普鲁士等级委员会的组成与宗旨。马克思指出，在组成和宗旨两个层面，宗旨为基本，是起指导和支配作用的灵魂，而组成只是一种外部结构。那么，对于等级委员会来说，宗旨是什么就直接决定了其组成形式。

在明确等级委员会的宗旨之前，先来考察一下其组成。等级委员会的成员是由普鲁士各省的省等级议会成员构成。而各省等级议会的成员又是根据前文所规定的各项附加条件所筛选出来的。马克思指出，这些省等级议会的构成要素使它们不能真正联合成为真正的中央委员会，也就是不能进行真正的中央一级的活动。这就是指省等级议会的成员本身不具备代表的广泛性，省等级议会只是权贵阶层的议会。那么，由这些成员组成的等级委员会也自然无法代表全部的人民。马克思这里的"真正的中央一级的活动"指的是真正的理性国家所具备的职能。显然，普鲁士的等级委员会与理性国家背道而驰。

马克思接着指出，中央的等级委员会是从分成若干机械部分的各省等级议会中产生的，且是由省等级议会的各个不同部分各自选出参加委员会的代表。因此，这种选举是在把省议会的机体机械地分成各组成部分的基础上，也就是在分割成几个部分的基础上进行的。这样一来，就可能会出现这种情况，即参加委员会的不是省议会的多数的代表，而是它的少数的代表。也就是说，由于这种机械、部分的选举机制，导致中央等级委员会的代表可能只代表了少数人，广大的社会中下层人民无法得到代表。那么，由少数人代表组成的等级委员会自然也不具备理性国家的国家职能。

在文章中，马克思假定省等级议会的组成完全符合它的宗旨，即从自己特殊的等级利益观点出发代表自己特殊的省的利益这个宗旨。但是，在这里面没有一种新的要素使得省的利益代表变成全国利益的代表，并且使其具有普遍性，要说共同要素也只有集会的共同地点而已。所以，中央等级委员会完全无法代表全国利益。

再回到宗旨与组成的关系上来看，宗旨与组成互为表里。普鲁士等级委员会的宗旨如果按照官方宣扬的那样代表全国人民的利益，那么，其组成必定代表了全国的大多数人。可是现实中却与此相反，由代表少数人利益的权贵阶层组成等级委员会的宗旨也只能是少数权贵阶层的附庸。这与马克思理想中的理性国家相去甚远，理想的人民代表制应该由能够代表大多数人利益的成员组成，下文会进行具体论述。

（3）智力与代表权。接下来需要考察智力与代表权的关系。

马克思指出，有人将智力与工业和地产一起作为等级代表制的特殊要素，这是荒谬的。等级代表制只承认那些彼此并存的特殊要素，因此，凡不是特殊要素的，也就不是等级代表制的要素。而智力属于人的共同属性，等级议会的代表一定具有作为人共同属性的智力，但是人并不一定具有作为等级的特殊属性的智力。也就是说，智力并不使人成为等级议会的代表，它只是使等级议会的代表成为人。可见，智力并不是构成等级会议代表的特殊要素,只是作为人的普遍要素。

马克思接下来的论述十分精辟。他认为,"问题不在于智力的单纯形式,而在于智力的内容,如果说智力不仅根本不需要等级代表制,而且甚至需要非等级代表制,那么相反,等级代表制倒需要智力,不过是非常有限的智力"①。这就是说,智力不能有等级之分,每个人的智力都是平等的,每个有智力的人也是平等的。相反,等级代表制需要更多有智力、有智慧的人参与,这样才能更好地为整个有机体服务。由此得出的结论是:等级是智力的特殊属性。在等级代表制中,智力具有了等级属性。

马克思进而深入具体的现实之中,探讨各省等级议会中"智力"代表权的问题。这实际上是那些有学问的等级,即那些垄断智力的等级的代表权问题,也就是属于某个等级的知识界的代表权问题。但是,"在等级原则占支配地位的地方,一切等级都应当有自己的代表"②。传教士、教师以及没有编制的学者、律师、医师等都应当有代表,而不仅仅是知识的垄断阶级才能有代表。

---

① 《马克思恩格斯全集》第 1 卷,人民出版社 2002 年版,第 339 页。
② 《马克思恩格斯全集》第 1 卷,人民出版社 2002 年版,第 340 页。

接下来,马克思指出,省等级议会是同国家相对立的特殊利益的需要,私人的自私自利构筑了等级制度,而不是国家的有机理性。而智力则具有普遍性,与等级议会的私利性构成了一对矛盾。那么,智力与代表制之间,应该是"智力的代表制"还是"等级的代表制"?是特殊利益应当代表政治智力,还是政治智力应当代表特殊利益?马克思认为:"政治智力不是根据这一特殊本质来确定普遍本质,而是根据普遍本质确定这个特殊本质。"[1]

所以,智力作为一种普遍属性,不应具有特殊的等级属性,智力不应当成代表权的一种特殊条件。同时,代表制需要政治智力,而政治智力则应当服务于真正的理性国家,服务于普遍的人民利益与国家利益。这种政治智力是实现理性国家的关键。这样,一种良性的代表制才有可能产生,这才是马克思所希望的理性国家中的人民代表制。

(4)人民代表权的实现。最后,就需要来考察马克思人民代表权理论的实现问题。

在当时的普鲁士,等级差别的存在是阻碍人民

---

[1]《马克思恩格斯全集》第1卷,人民出版社2002年版,第343页。

代表权实现的最大障碍。马克思认为,既然等级在人民代表制问题上现实存在,就要"从由国家内部结构所造成和决定的那些现实差别出发"[1],这就是要求正视现实,从客观现实问题出发来寻找解决等级问题的方法。基于客观的现实存在,马克思呼吁,"我们只要求普鲁士国家不要在应当出现国家生活自觉繁荣的领域,中断自己现实的国家生活……我们要求国家不要在应当成为它内部统一的最高行为的行为中解体"[2]。这里,马克思表面上是呼吁要坚持普鲁士国家的等级委员会制度,实际上是呼吁坚持普鲁士国家背后的理性的国家与法,寄希望于作为理性国家的普鲁士可以自身修复,从而消除内在的等级差别。

马克思又论述了消除这种等级差别的方法,这一方法就需要去省等级议会中寻找。马克思分析了省议会与国家权利的关系,指出省议会是各种特殊利益的联合,而且特殊利益拥有着以自己的特殊界限去对抗国家的特权,所以,"省议会无非是国家

---

[1][2] 《马克思恩格斯全集》第1卷,人民出版社2002年版,第334页。

中一些非国家要素自己组成的合法机构"①。马克思将这种特殊利益在政治上的独立化需求视作国家的必然性,认为这只是国家内部疾病的表现。而治疗这一疾病的方法,是统一特殊利益(省等级议会)与国家利益(中央政府),这就需要拥有人民智力的代表权。人民智力的代表权的最高需要就是使国家本身得到实现,而且人民代表权也把国家看作自己的事业、自己的国家。故而,应当将代表权理解为人民自身的代表权,理解为人民的一种普遍的国务活动,理解为最高力量的一种自信的生命活动。这样一来,只有人民代表权的实现才能消除普鲁士国家的疾病,才能使普鲁士成为真正的理性国家。

不难看出,支撑着马克思人民代表权理论的核心是马克思的理性国家观。马克思将国家看作理性的化身,在真正的国家中,占主导地位的是国家的自然,是自由的人。在理性国家观的支撑下,马克思的人民代表权理论可以简单概括为:以地产为一般条件,由代表大多数人利益的议会代表组成人民委员会,通过政治智力来执行理性国家的职能,代

---

① 《马克思恩格斯全集》第1卷,人民出版社2002年版,第334页。

表全国人民的利益。

通过对学术界关于马克思《莱茵报》后期研究现状的梳理,我们不难发现,学术界研究与讨论的重点都集中在物质利益之上,通过物质利益与马克思关系的不同判断,学者们也得出了不同的结论,从而也产生了"唯心"与"唯物"两大阵营之分。并且随着苏联马克思主义研究模式热潮的渐渐消退,所谓的"列宁范式"也不断地被学者们所突破,产生了一些具有开创性的新成果。

笔者认为,我们对这一时期马克思思想的研究确实应该突破列宁"两个转变"的传统范式,回归文本,将文本中表现出的思想置于马克思思想发展史的脉络中进行考察,做到从细处着眼,兼有一种宏观的观照,来对此时期马克思的思想做出解读,这样才能更好地理解此时马克思的思想。

参考文献

1. 《马克思恩格斯选集》第1卷，人民出版社1995年版。

2. 《马克思恩格斯全集》第1卷，人民出版社2002年版。

3. 《列宁全集》第26卷，人民出版社1988年版。

4. [德]弗·梅林：《马克思传》，樊集译，人民出版社1985年版。

5. [俄]尼·拉宾：《马克思的青年时代》，南京大学外文系俄罗斯语言文学教研室译，生活·读书·新知三联书店1982年版。

6. [俄]奥伊泽尔曼：《马克思主义哲学的形成》，潘培新译，生活·读书·新知三联书店1964年版。

7. [俄]彼·费多谢耶夫：《卡尔·马克思》，孙家衡等译，生活·读书·新知三联书店1980年版。

8. [法]奥古斯特·科尔纽：《马克思恩格斯传》第1卷，刘丕坤等译，生活·读书·新知三联书店1980年版。

9. [日]城塚登：《青年马克思的思想——社会主义思想的创立》，尚晶晶等译，求实出版社1988年版。

10. 赵常林：《马克思早期哲学思想研究》，北京大学出版社1987年版。

11. 熊子云：《马克思主义形成史》，北京师范学院出版社1987年版。

12. 黄楠森主编：《马克思主义哲学史》第1卷，北京出版社1991年版，第128页。

13. 孙伯鍨：《马克思主义哲学史》，山西人民出版社1982年版。

14. 孙伯鍨：《探索者道路的探索》，南京大学出版社2002年版。

15. 陈先达：《走向历史的深处》，中国人民大学出版社2010年版。

16. 陈先达、靳辉明：《马克思早期思想研究》，中国人民大学出版社2006年版。

17. 庄福龄主编：《简明马克思主义史》，人民出版社2004年版，第30页。

18. 顾海良主编：《马克思主义发展史》，中国人民大学出版社2009年版。

19. 聂锦芳：《清理与超越重读马克思文本的意旨、基础与方法》，北京大学出版社2005年版。

20. 王金福：《唯物主义还是客观唯心主义？——〈莱茵报〉时期马克思世界观的基本性质再探》，载《福建论坛》（文史哲版）1988年第4期。

21. 张亮：《在转向唯物主义和共产主义的前夜——〈莱茵报〉时期马克思哲学思想发展的再考察》，载《华中科技大学学报》（社会科学版）2006年第4期。

22. 孙熙国:《马克思对物质利益的最初关注和早期探索——对学界三题的辨析》,载《北京航空航天大学学报》(社会科学版)2012年第5期。

23. 李健:《青年马克思思想发展"两大转变"论再认识》,载《高校理论战线》2013年第1期。

24. 黄学胜:《"物质利益难题":马克思怀疑启蒙的最初理论环节——从国内的一个争论开始说起》,载《西南大学学报》(社会科学版)2010年第2期。

25. 吴晓明:《"理性的法"和"私人利益"——马克思〈莱茵报〉时期所面临的物质利益难题》,载《复旦学报》(社会科学版)1994年第5期。

26. 张亮:《在转向唯物主义和共产主义的前夜——〈莱茵报〉时期马克思哲学思想发展的再考察》,载《华中科技大学学报》(社会科学版)2006年第4期。

27. 段忠桥:《〈莱茵报〉时期使马克思苦恼的"疑问"是什么》,载《学术研究》2008年第6期。

28. 李淑梅:《马克思〈莱茵报〉时期的政治哲学思想》,载《哲学研究》2009年第6期。

29. 王怀超:《马克思是怎样从革命民主主义者转变为共产主义者的?》,载《广西大学学报》(社会科学版)1984年第2期。

30. 周敦耀:《马克思的国家思想的起点及其必然趋向——马克思在〈莱茵报〉时期的国家思想探索》,载《广西大学学报》

(哲学社会科学版)1988年第2期。

31. 张守奎:《〈莱茵报〉时期之前的马克思与自由主义传统》,载《江苏社会科学》2013年第3期。

32. 黄建都:《马克思哲学对自由主义的继承和超越——以〈莱茵报〉—〈德法年鉴〉时期著述为中心的考察》,载《南华大学学报》(社会科学版)2015年第4期。

33. 杨文圣:《论马克思〈莱茵报〉时期的自由观》,载《前沿》2012年第18期。

34. 李红波:《马克思反对封建"政治暴政"的思想探析——兼谈马克思〈莱茵报〉时期的自由观》,载《经济与社会发展》2005年第12期。

35. 王力:《〈莱茵报〉时期马克思的自由思想深层探析》,载《学术论坛》2011年第3期。

36. 孙燕:《青年马克思的国家观探析》,载《理论探索》2009年第2期。

37. 代建鹏、杨兴林:《宗教、理性与国家:马克思〈莱茵报〉时期思想的三个关键词》,载《重庆师范大学学报》(哲学社会科学版)2012年第2期。

38. 刘军:《"市民社会决定国家"命题的提出与确立》,载《北京大学学报》(哲学社会科学版)2014年第2期。

39. 王倩:《马克思早期正义思想的萌芽与发展——从〈博士论文〉到〈莱茵报〉》,载《社会主义研究》2012年第5期。

40. 尹玮煜:《从"物质利益难题"看马克思的正义观》,载《学校党建与思想教育》2013年第3期。

41. 陶艳华:《马克思〈莱茵报〉时期的政治伦理思想》,载《河北学刊》2009年第1期。

42. 牛苏林:《对天国的批判转向对尘世的批判——论马克思〈莱茵报〉时期的宗教观及其思想特质》,载《中州学刊》1992年第1期。

43. 李宗迎:《关于社会贫困问题的伦理分析——探寻马克思〈莱茵报〉时期的伦理思想》,载《学理论》2014年第4期。

44. 彭五堂:《论马克思所有制理论的萌发》,载《马克思主义研究》2011年第8期。